재밌어서 밤새 읽는

한국사 이야기 6

재밌어서 밤새 읽는
한국사 이야기 6

일제 강점기에서 대한민국의 현재까지

박은화(재밌는이야기역사모임) 지음

더숲

누구에게나 떠올리기 싫은 과거의 아픈 기억이 있다. 너무 창피하기도 하고 너무 속상하기도 해서 기억조차 하기 싫은 일, 할 수만 있다면 영원히 잊어버리고 싶은 일.

《재밌어서 밤새 읽는 한국사 이야기 6》은 우리 민족에게 있어 그런 가슴 아픈 역사 이야기다. 떠올릴수록, 생각할수록 답답하고 가슴이 시려 와서 차라리 몰랐으면 하는 역사. 나라를 빼앗기며 시작된 식민지 생활은 영원히 끝나지 않을 암흑과도 같았다. 햇수로 36년에 불과한 시기지만 너무 많은 사람이 목숨을 잃고 좌절을 맛보고 가족과 이별하며 절망의 늪에서 허우적댔다.

기적처럼 광복을 맞으며 새로운 세상을 꿈꾸었지만 우리를 기다리고 있는 것은 더 큰 불행이었다. 남북이 분단되고 6·25 전쟁을 겪으며 우리 민족은 냉전의 가장 큰 희생양이 되었다. 이후 진행된 민주화 과정 역시 순탄하지만은 않았다. 탐욕스러운 자들의 손에 권력이 쥐어지자 아무 잘못 없는 사람들이 죽음으로 내몰려야 했다.

이 모든 시련을 경험하고 우리 민족은 현재에 이르렀다. 그리고 이제 시련의 악몽에서 서서히 벗어나고 있다. 이런 때일수록 아픈 과거를 돌아보아야 한다. 힘겨워도 실패와 마주할 수 있는 사람만이 성장을 이루듯, 더 발전하고 앞으로 나아가기 위해서는 과거의 뼈아픈 역사를 제대로 알아야 한다.

이 책을 읽어 나가며 화가 나기도 하고 슬픔을 느끼기도 할 것이다. 그러나 이 모든 것이 역사라는 사실을 기억하며 우리의 과거를 다시금 돌아볼 수 있는 시간이 되기를 바란다.

차례

머리말 _4
한국사와 세계사를 한눈에 읽는 연표 _8

제1장

조선, 근대화의 첫발을 내딛다

일본은 왜 잔혹한 무단 통치를 실시했을까? _12

한 걸음 더 ● 조선 총독부 청사 건축과 철거 _22

그때 세계는 ● 사라예보 사건과 제1차 세계 대전의 발발 _25

3·1 운동으로 우리 민족은 무엇을 얻었을까? _30

일본은 왜 문화 통치를 내세웠을까? _50

만주의 독립군은 일본군과 어떻게 싸웠을까? _62

그때 세계는 ● 러시아 혁명과 소련의 탄생 _73

왜 실력 양성 운동을 하게 되었을까? _77

사회주의자가 등장하며 독립운동은 어떻게 달라졌을까? _86

우리 민족은 왜 의열 투쟁을 했을까? _100

그때 세계는 ● 대공황의 발생과 제2차 세계 대전 _112

일제는 왜 우리 민족을 말살하려 했을까? _116

한 걸음 더 ● 우리말과 글을 지킨 조선어 학회 _128

그때 세계는 ● 태평양 전쟁과 함께 끝난 중일 전쟁 _131

어떤 사람들이 친일파가 되었을까? _135

한 걸음 더 ● 일본이 만든 거짓 논리 식민 사관 _151

한국과 중국은 왜 항일 연합 전선을 형성했을까? _154

그때 세계는 ● 드디어 제2차 세계 대전이 끝나다 _163

제2장 대한민국 정부가 수립되다

마침내 독립을 맞은 우리나라는 왜 분단되었을까? _170

한 걸음 더 • 김일성은 진짜인가, 가짜인가? _182

그때 세계는 • 총성 없는 전쟁, 냉전 체제 _185

왜 남한에서만 총선거를 실시했을까? _188

대한민국 정부는 어떻게 수립되었을까? _198

그때 세계는 • 중화 인민 공화국의 성립 _211

친일 반민족 행위자 처벌은 왜 제대로 이루어지지 못했을까? _216

그때 세계는 • 프랑스의 과거사 청산 노력 _227

제3장 대한민국의 민주주의가 발전하다

남한과 북한은 전쟁을 해야만 했을까? _230

한 걸음 더 • 종전이 되지 못한 이유, 제네바 회담의 실패 _240

이승만 정권은 어떻게 무너졌을까? _242

박정희는 왜 독재자의 길로 들어섰을까? _251

한 걸음 더 • 다양성을 억제한 독재 정치 시대의 문화 _263

그때 세계는 • 고엽제 등의 문제를 남긴 베트남 전쟁 _265

우리나라의 민주주의는 어떻게 발전해 왔을까? _271

그때 세계는 • 중국의 민주화 시위 톈안먼 사건 _283

우리나라는 어떻게 기적 같은 경제 성장을 이루었을까? _288

그때 세계는 • 영국의 홍콩 반환 _300

맺음말 _304

그림 목록 _306

한국사와 세계사를 한눈에 읽는 연표

동양사	한국사(일제 강점기~1991)	서양사

1910 대한 제국 국권 피탈, 회사령 제정

1911 중국, 보로 운동, 신해혁명

1911 105인 사건

1912 중화민국 수립

1912 조선 태형령 제정
　　 토지 조사령 공포

1914 제1차 세계 대전 발발(~1918)

1915 일본, 중국에 21개 조 요구

1917 러시아 혁명

1919 중국, 5·4 운동

1919 3·1 운동, 대한민국 임시 정부 수
　　 립, 의열단 조직

1919 제1차 세계 대전 전승국 27개국,
　　 파리 강화 회의

1920 봉오동 전투, 청산리 대첩
　　 물산 장려 운동(~1940)

1920 국제 연맹 창설

1921 중국 공산당 결성

1921 미국·영국·프랑스 등, 워싱턴
　　 회의

1922 소련(소비에트 사회주의 공화국
　　 연방) 성립

1924 중국, 제1차 국공 합작

1925 이란, 팔레비 왕조(~1979)

1925 치안 유지법 제정

1926 중국, 장제스 북벌 선언

1926 6·10 만세 운동

1927 신간회 조직

1929 광주 학생 항일 운동

1929 대공황 발생(~1939)

1931 만주 사변

1931 한인 애국단 조직

1932 상하이 사변, 만주국 성립

1932 이봉창 의거, 윤봉길 의거

1933 미국, 뉴딜 정책 시행
　　 독일, 나치 집권

1934 중국 공산당 대장정(~1935)

1936 스페인 내전(~1939)

1937 중일 전쟁, 난징 대학살
　　 중국, 제2차 국공 합작

1939 제2차 세계 대전 발발(~1945)

1940 대한민국 임시 정부 충칭 정착
　　 한국광복군 창설

1941 일본, 미국 공격 태평양 전쟁 발발

1941 대한민국 임시 정부, 대일 선전
　　 포고

1942 소련과 독일, 스탈린그라드 전투
　　 (~1943)

1943 카이로 회담
　　 이탈리아, 연합군에 항복

1944 연합군, 노르망디 상륙 작전

동양사	한국사(일제 강점기~1991)	서양사
1945 일본, 무조건 항복 선언으로 태평양 전쟁 및 중일 전쟁, 제2차 세계 대전 종결	1945 8·15 광복 모스크바 3국 외상 회의	1945 얄타 회담, 포츠담 회담 독일, 연합군에 항복 국제 연합(UN) 성립
1946 중국, 국공 내전 극동 국제 군사 재판(도쿄 재판)	1946 제1차 미소 공동 위원회 좌우 합작 위원회 결성	
1947 인도, 제2차 벵골 분할령	1947 제2차 미소 공동 위원회	1947 미국, 트루먼 독트린 발표 마셜 플랜 발표
	1948 제주 4·3 항쟁, 여수·순천 10·19 사건, 5·10 총선거, 헌법 공포, 대한민국 정부 수립, 반민족 행위 처벌법 제정, 반민족 행위 특별 조사 위원회(~1949), 제1~3대 대통령 이승만(~1960)	
1949 중화 인민 공화국 수립	1949 김구 피살	1949 독일, 동독과 서독으로 분열
	1950 6·25 전쟁 발발(~1953)	
	1952 발췌 개헌	
	1953 반공 포로 석방 6·26 전쟁 종전 협정 체결	
	1954 사사오입 개헌	
		1957 소련, 스푸트니크 1호 발사
1958 중국, 대약진 운동(~1962)		
1960 일본, 미일 안보 조약 체결 베트남 전쟁 발발(~1975)	1960 3·15 부정 선거, 4·19 혁명 이승만 대통령 망명 제4대 대통령 윤보선(~1962)	
	1961 5·16 군사 정변	
		1962 쿠바 미사일 위기
	1963 박정희 정권 수립 제5~9대 대통령 박정희(~1979)	
1964 일본, 도쿄 올림픽 개최 베트남, 통킹만 사건	1964 베트남 파병(~1973)	
	1965 한일 협정 체결	
1966 중국, 문화 대혁명(~1976)		
		1967 유럽 공동체(EC) 출범
		1968 동유럽, 프라하의 봄 프랑스, 5월 혁명(68 혁명)
	1969 3선 개헌	1969 미국, 아폴로 11호 달 착륙 닉슨 독트린 발표
	1970 새마을 운동, 전태일 분신	
1971 중국, UN 가입		
	1972 7·4 남북 공동 성명 유신 헌법 제정	1972 미국 닉슨 대통령, 중국과 정상 회담

동양사	한국사(일제 강점기~1991)	서양사
	1974 인민 혁명당 재건 위원회 사건	
	1976 3·1 구국 선언	
1978 중국, 개혁·개방 시작		
1979 이란 혁명	1979 YH 무역 사건, 부마 항쟁 10·26 사태, 12·12사태	1979 소련, 아프가니스탄 침공(~1989)
1980 이란·이라크 전쟁 발발(~1988)	1980 5·18 민주화 운동, 전두환 정권 수립, 제11~12대 대통령 전두환 (~1988)	
		1985 소련, 개혁·개방 추진
	1986 부천 성 고문 사건 서울 아시아 경기 대회 개최	1986 소련, 체르노빌 원자력 발전소 방 사능 유출 사고
	1987 박종철 고문치사 사건, 4·13 호 헌 조치, 6월 항쟁, 6·29 선언	
	1988 제13대 대통령 노태우(~1993) 서울 올림픽 대회 개최	
1989 중국, 톈안먼 사건		1989 독일, 베를린 장벽 붕괴
1990 걸프 전쟁		1990 독일 통일
	1991 남북한 UN 동시 가입	1991 소련 해체
		1993 유럽 연합(EU) 출범
1997 중국, 영국으로부터 홍콩 반환 받음		

제1장

조선,
근대화의 첫발을 내딛다

일본은 왜
잔혹한 무단 통치를
실시했을까?

우리나라를 식민 지배하게 된 일본은 잔혹한 통치 방식을 생각
해 냈다. 그간 우리 민족이 보여 준 독립 의지와 독립을 향한 끈질
긴 근성을 잘 알고 있는 일본은 수단과 방법을 가리지 않고 우리
민족을 억압하려 했다. 그래서 탄생한 것이 '무단 통치'다.

조선 총독부 설치와 헌병 경찰 제도

대한 제국의 주권을 빼앗은 일본이 가장 먼저 한 일은 조선 총
독부 설치다. 조선 총독부는 식민 통치를 위한 최고 행정 기구
로, 수장인 총독이 식민 통치의 모든 권한을 가진다. 이때부터 일

본인 총독은 우리나라의 대표자가 되었고 모든 한국인은 총독의 명령에 따라야 했다.

일본은 일본의 육군·해군·공군 대장을 조선 총독으로 임명했다. 이것은 한국의 통치를 군인에게 맡기겠다는 뜻이고, 한국인은 군인처럼 명령에 복종해야 한다는 의미였다. 총독 통치하에서 법령은 중요하지 않았다. 필요한 것이 있을 때마다 총독은 자기 마음대로 명령을 내리고 그 명령이 법에 맞든 맞지 않든 따라야만 했다.

조선 총독에게는 통치에 필요한 모든 권한이 주어졌다. 정책을 집행할 수 있는 행정권, 법을 만들 수 있는 입법권, 재판할 수 있는 사법권이 전부 총독에게 주어졌고 군 통수권 역시 총독이 행사했다. 그뿐만 아니라 일제(19세기 후반부터 20세기 중반까지 제국주의를 표방한 일본을 가리켜 부르는 말)는 조선 총독에게 한국인의 생사여탈을 쥐락펴락할 수 있는 특별 권한을 부여했다. 한국인의 독립운동을 신속하면서도 철저하게 탄압하기 위한 조치였다.

이러한 절대 권한을 가진 조선 총독은 식민 통치의 편의성을 위해 헌병 경찰 제도를 도입했다. 헌병 경찰이란 말 그대로 경찰의 역할을 헌병이 담당하는 것이다. 헌병 경찰 제도하에서 국민의 안전과 생명을 지켜 주는 경찰의 업무는 감시와 체포가 주목적인 헌병이 대신했다. 수시로 한국인을 감시하여 독립운동을 원

1929년에 촬영한 조선 총독부 청사. 식민 지배의 상징으로서 일제는 일부러 경복궁 앞에 건물을 지었다. 광복 후 군정청, 중앙청으로 이름이 바뀌었으며 헌법 공포식, 대한민국 정부 수립 선포식 등 우리 역사의 중요 순간과 함께하다가 1995년 철거되었다(그림 1).

천 봉쇄하기 위해서였다. 주민과 가까이에 있는 경찰서에 헌병이 배치되어 사람들을 감시하고 있으니 우리나라 사람들은 항상 헌병 경찰의 눈치를 보아야 했다.

헌병 경찰에게는 막강한 권한이 주어졌다. 일반적으로 법을 어긴 사람을 체포하려면 현행범이 아닌 이상 체포 영장이 있어야 한다. 그리고 아무리 중범죄자라도 처벌을 위해서는 재판이라는 절차를 거쳐야 한다. 그런데 헌병 경찰에게는 정식 재판 없이 한국인에게 벌금이나 태형 등의 형벌을 즉시 내릴 수 있는 즉결 처분권이 있었다. 게다가 처벌 대상은 유언비어를 말하는 자, 전신주 부근에서 연을 날리는 자, 타인의 밭을 가로질러 건너는 자 등 일상생활 영역까지 포함된 87개에 달했기에 헌병 경찰은 아무때나 한국인을 처벌할 수 있었다.

헌병 경찰의 권한 및 처벌 중 가장 야만적인 것은 태형이었다. 태형은 형벌을 받는 사람을 엎드리게 하고 양팔과 다리를 묶은 후 엉덩이를 노출시킨 다음 태로 때리는 것이다.

일제는 이 형벌을 조선에 있던 옛 제도를 되살린 것이라고 설명했지만, 조선 시대에 태형에 처해진 대상은 중범죄자였고 그마저도 1894년 갑오개혁 때 폐지했다. 일본은 이를 경범죄와 일상생활에 적용하여 처벌함으로써 사람들에게 공포심을 주었다. 실제로 일본인에게 공손하지 않다는 이유만으로 태형을 내리는 일이 다반사였고 사망자와 불구자가 속출했다. 태형을 받고 나면 몇 달간은 거동이 불편하여 일을 하지 못하므로 농민들은 태형보다 징역형을 원했지만 헌병 경찰은 아랑곳하지 않았다. 심지어 태형은 한국인만 대상으로 삼았다.

"순사(경찰) 온다"라는 말은 어린아이의 울음도 그치게 하는 공포의 말이 될 정도로 헌병 경찰의 힘은 막강했다. 이와 같이 헌병 경찰 제도를 이용해 한국인을 무력으로 억압하고 강압적으로 통치하는 방식을 무단 통치라고 일컫는다. 이 무단 통치는 1919년까지 이어졌다.

한국인과 일본인의 차별 교육

1910년대 일제 무단 통치는 교육 분야에도 고스란히 적용되었다. 이 시기 교육의 가장 큰 특징은 교원들에게 군인처럼 제복을 입고 칼을 차도록 한 것이다. 수업에 들어오시는 선생님이 제복을 입고 칼을 차는 것은 상상만 해도 끔찍한 일이다. 이처럼 일본은 교육에서도 무력을 이용한 강압적인 모습으로 일관했다.

또 다른 특징은 한국인에게는 고등 교육의 기회를 주지 않았다는 점이다. 일본은 한국인을 대상으로 한 교육과 일본인을 대상으로 한 교육의 학제를 차별적으로 운영했다. 한국인은 초등 교육 기관인 보통학교를 졸업한 후 중등 교육 기관(중학교와 고등학교를 합쳐 놓은 개념)에 해당하는 고등 보통학교 혹은 실업 학교를 다니게 했는데 보통학교 4년, 고등 보통학교 4년이었다. 반면 일본인은 초등 교육 기관인 소학교와 중등 교육 기관인 중학교를 다녔고 소학교 6년, 중학교 5년으로 교육 기간이 한국인보다 길었다.

한편 한국인의 보통학교 진학률은 인구 대비 0.4퍼센트인 반면 한국 거주 일본인의 진학률은 인구 대비 12.7퍼센트였다. 한

국인 대상 학교 수가 턱없이 부족했기 때문이다. 또 교과목에도 차별을 두었다. 한국인이 다니는 보통학교의 경우 일본어 수업이 가장 많고 그 외에 체육, 산수, 조선어 등을 가르쳤다. 고등 보통 학교에서는 일본의 소학교 5~6학년 학생이 배우는 정도의 내용을 가르쳤다.

한국인에 대한 교육을 소홀히 한 이유는 무엇일까? 일본이 지향하는 한국인 교육의 목표는 일본에 충성하는 국민을 양성하는 것이었다. 다시 말해 일제는 교육을 통해 시키는 일 잘하고 부리기 좋은 한국인을 만들고자 했다. 그를 위해서는 일본어를 알아듣고 계산하는 능력이 있어야 하기에 일본어와 산수를 집중적으로 교육했다. 반면 생각을 많이 하고 똑똑하면 독립 의지가 강해질 수 있다는 이유로 고등 교육은 아예 없었다.

차별 교육으로 한국인은 학교에 다니고 싶어도 아예 가지 못하거나 학교에 가도 제대로 교육받지 못했다. 더구나 학교 수가 부족하다 보니 지금의 초등학교인 보통학교도 시험을 통과해야 입학할 수 있었다.

이런 문제를 해결하고자 우리나라의 교육자들은 사립 학교를 설립하려 했다. 그러나 일제는 1911년 사립 학교 규칙을 공포하고 인가 조건을 강화하여 한국인의 사립 학교 설립을 사실상 봉쇄했다. 심지어 이 인가 조건을 소급 적용하여 기존 학교의 인가마저 취소했다.

땅을 빼앗기 위한 토지 조사 사업의 실시와 회사령
일제가 한국을 식민지로 만든 직후 가장 공들인 일은 한국의 토지량과 소유주를 조사하는 토지 조사 사업이다. 일제는 이를 토지에 물리는 지세를 공정하게 부과하고 근대적 토지 소유권을 확립하기 위한 것이라고 선전했지만, 실은 지세 수입을 늘리고 한국인의 땅을 빼앗으려는 속셈이었다.

1910년 토지 조사국을 설치한 일제는 1912년 토지 조사령을 공포하며 토지 조사 사업을 본격적으로 실시했다. 이 사업의 특징은 신고제를 기반으로 했다는 점이다. 땅을 가진 사람이 정해진 기간 내에 땅의 크기와 위치를 신고하면, 일제가 그 내용을 조사한 후 소유권을 인정해 주는 방식이었다. 얼핏 별문제 없어 보이는 과정이지만 여기에는 꼼수가 숨어 있었다.

토지 조사 사업의 출발점은 신고이므로 정해진 기간 안에 신고해야 내 땅을 내 것으로 인정받을 수 있는데 신고하기가 복잡했다. 신고 기간은 짧고 절차는 복잡하다 보니 중간에 잘못되거나 서류가 갖추어져 있지 않으면 신고할 수 없었다. 또한 글을 모르는 사람들은 토지 조사 사업이 무엇인지 모를뿐더러 안다 해도 글을 모르니 신고하지 못하는 경우가 허다했다. 더 큰 문제는 공유지였다. 이때 우리나라에는 공유지 즉 국가·마을·관청 그리고 왕실 소유의 땅이 많았는데, 이 땅들은 특정 개인의 땅이 아니다 보니 신고할 수 없었다.

이런저런 이유로 신고하지 못한 땅은 조선 총독부 소유가 되거나 우리나라로 이주해 온 일본인에게 헐값에 팔렸다. 그렇게 빼앗긴 땅이 전 국토 면적의 약 40퍼센트, 통계에 따라서는 62퍼센트가량에 이를 정도였다. 한순간에 자신의 땅을 빼앗긴 농민은 소작농이 되어 생계를 이어 가야 했다. 한편 토지 소유권을 얻은 사람은 막대한 지세를 내야 했다. 토지 조사 사업이 종료된 1918년의 지세는 1910년 지세의 두 배에 달했다. 일제는 토지 조사 사업을 통해 세금을 확보하고 땅도 얻게 된 것이다.

또한 일제는 1910년 회사령을 발표하여 회사를 설립할 때 반드시 조선 총독의 허가를 받도록 규정했다. 그리고 이미 설립된 회사가 허가 조건을 어길 경우 조선 총독이 그 회사를 폐쇄할 수 있도록 했다. 회사령으로 한국인이 회사를 세우는 것은 어려운 일이 되었다.

1911년 한국인이 세운 공업 회사는 전체 회사의 17퍼센트 정도이던 것이 1917년에는 12.7퍼센트로 줄어들었다. 반면 1910년 전체 회사의 32퍼센트이던 일본 공업 회사의 비율은 1917년 83.2퍼센트로 증가했다. 회사령을 통해 한국인의 회사 설립은 어려워지고 일본인의 회사 설립은 용이해짐으로써 일본은 한국의 산업을 장악해 갔다.

일본은 이 밖에도 어업령, 광업령, 은행령 등을 제정하여 거의 모든 경제 활동에서 총독의 허가를 받도록 했다. 일제는 이를 통해 한국인의 민족 자본 형성을 사전에 차단하고 경제를 손아귀에 넣어 갔다. 이제 한국인은 일본 총독의 허락이 없으면 회사를 세울 수도, 물고기를 잡을 수도, 석탄을 캘 수도 없는 신세가 되고 말았으며 이런 일을 하고 싶으면 일본의 명령에 복종해야 했다.

조선 총독부 청사 건축과 철거

일제는 1907년에 건립된 남산 왜성대의 통감부 청사를 조선 총독부 청사로 사용하다가 1916년 일제는 새로운 청사 건물을 지었는데, 그것이 예전에 경복궁 앞에 있던 중앙청이다. 공사는 1916년에 시작되어 10년 만인 1926년에 끝났다. 이 건물은 르네상스 양식의 석조 건물로 당시로서는 최첨단 기술인 철근 콘크리트를 사용했다. 또한 우리나라 건축물 중 세 번째로 엘리베이터를 설치하고 여러 장식품을 유럽에서 수입해 오는 등 초호화 건물로 완성했다.

1945년 일제가 물러난 뒤 미군정이 조선 총독부 청사를 Capital Hall이라는 이름으로 사용했으며, 1995년 철거될 때까지 이 건물은 역사학자 정인보가 붙인 '중앙청'이라는 이름으로 불렸다. 1948년 5월 10일 대한민국의 제헌 국회가 개의되고 7월 17일에는 헌법 공포식, 8월 15일에는 대한민국 정부 수립 선포식이 거행되는 등 대한민국 초기 역사가 모두 이곳 중앙청에서 이루어졌다.

이렇게 역사 어린 건물이지만 중앙청 건물에 대한 비판의 목소리는 끊임없이 제기되었다. 일본은 조선 총독부 청사를 경복궁 입구에 짓기 위해 홍례문(경복궁 광화문과 근정문 사이에 있던 문)과 주변 건물을 철거하고, 경복궁의 남문이자 정문인 광화문도 옮겼다. 조선 총독부 청사가 우리나라의 상징인 경복궁을 가로막고 있어 지금의 서울 광장에서 경복궁을 바라보면 조선 총독부 청사밖에 보이지 않았다.

광복 후 많은 학자가 중앙청 건물을 철거하자는 주장이 제기되었으나, 철거 비용과 실용성을 고려해 철거하지 않기로 결정했다. 이후 1986년부터는 국립 중앙 박물관으로 용도를 변경하여 사용했다.

그러다가 1995년 김영삼 대통령이 3·1절 기념행사에서 중앙청 철거를 선언하여 8월 15일 광복 50주년 경축식에서 중앙청의 상징 중앙 돔을 해체하며 철거를 시작했다. 조선 총독부 청사로 지어졌던 건물은 마침내 완전히 해체되어 그 자리에 홍례문과 주변 건물이 복원되었다. 해체 이전부터 일부에서는 경복궁 자리가 명당이기에 일제가 총독부 건물 아래에 말뚝을 박았을 것이라는 의견을 제기했는데, 실제로 건물 밑에서 커다란 말뚝들이 발견되어 충격을 주었다.

중앙청 건물 철거와 관련해서는 실용성, 미술사적 가치, 역사

중앙청의 1980년 모습. 경복궁의 정문인 광화문까지 이전시키고 지은 조선 총독부 건물로, 대한민국 정부 수립 후 중앙청으로 부르며 중앙 행정 관청으로 사용했다. 일제가 위치를 옮긴 광화문은 6·25 전쟁 당시 폭격으로 소실되었으며, 사진 속 광화문은 1968년 복원한 것이다(그림 2).

적 의미를 두고 찬반 논란이 오랫동안 이어졌다. 미술사적 가치와 건축의 역사를 중시하는 쪽에서는 철거하지 않아야 한다고 주장했고, 역사적 의미를 중시하는 쪽에서는 일제의 잔재를 없애는 것이 중요하다고 주장했다.

무엇이 더 옳은 것인지는 알 수 없지만 중앙청 건물이 없어지면서 경복궁이 복원되고 그 뒤의 청와대까지 한눈에 훤히 보이는 등 우리나라 수도 서울의 참모습을 되찾았다는 점에서는 의미 있다고 할 수 있다. 1995년 이후 태어난 사람들에게 경복궁은 온전한 우리나라의 정궁으로 기억되고 있으니 이 또한 큰 성과가 아닐 수 없다.

사라예보 사건과 제1차 세계 대전의 발발

19세기까지 국지전의 양상을 띠던 전쟁은 20세기 들어 과학 기술의 발달에 힘입어 첨단 살상 무기의 등장, 여러 국가의 동시 참전 등이 나타난 국제전으로 바뀌었다. 그 첫 번째 전쟁이 제1차 세계 대전이다. 제1차 세계 대전은 1914년 7월 28일 발발하여 4년 넘게 이어진 대규모 전쟁이다. 그리고 어마어마한 인명 피해, 문명 파괴를 넘어 인간 본성에 대한 회의마저 들게 한 비극적 사건이다.

세계 대전 이전부터 유럽 국가 사이에는 긴장감이 감돌았다. 더 많은 식민지를 차지하기 위한 식민지 쟁탈전이 격화되자, 같은 이해관계를 가진 나라끼리 모이는 연합체가 등장했다. 또한 민족에 따라 편 가르기를 하는 인식도 확산되었다.

가장 갈등이 심각한 지역은 발칸 반도였다. 발칸 반도는 그리스계, 알바니아계, 슬라브계, 게르만계 등 여러 민족이 옹기종기 모여 살고 있다 보니 늘 민족 간 충돌 위험이 도사리고 있었다. 특히 게르만계와 슬라브계 민족 간 갈등이 가장 심각했다. 게

1914년 7월 12일 이탈리아 신문에 실린 사라예보 사건 삽화. 세르비아계 민족주의 비밀 결사는 황태자 부부의 암살을 계획하고 6월 28일 열차로 보스니아 도착한 황태자 부부를 공격했다. 두 번의 공격에 무사했던 황태자 부부는 부상자를 보러 가는 중 마지막으로 암살을 시도한 프린치프의 총격으로 사망했다(그림 3).

르만계는 주변의 게르만 국가인 오스트리아와 독일의 지원을 받고, 슬라브계는 같은 슬라브 민족인 러시아의 지원하에 있어 그 갈등 양상은 첨예했다.

이 긴장감은 결국 1914년 6월 28일 터지고 말았다. 오스트리아의 황태자 부부가 보스니아 헤르체고비나의 수도 사라예보를 방문했을 때 세르비아의 청년 가브릴로 프린치프가 쏜 총에 황태자 부부가 죽었다. 이 사건 때문에 오스트리아와 세르비아가 대립하다 한 달 후인 7월 28일 오스트리아의 선전 포고로 전쟁은 시작되었다. 두 나라가 전쟁을 벌이자 러시아는 세르비아를 지원하겠다며 국가에 총동원령을 내렸고, 이에 긴장한 독일은 8월

1일 러시아에 선전 포고를 했다.

전쟁에 뛰어든 독일이 룩셈부르크와 벨기에를 침공하고 프랑스로 진격하면서 프랑스는 자연스럽게 전쟁에 휘말렸고, 영국은 독일에 선전 포고를 하고 참전했다. 전쟁이 번져 가자 유럽의 많은 나라는 자신의 이익을 챙기고자 전쟁에 가담했다. 오스만 제국과 불가리아는 동맹국에 가담하면서 독일, 오스트리아와 같은 편이 되었고 이탈리아, 루마니아 등은 영국 편에 서면서 연합국의 일원이 되었다.

이렇게 제1차 세계 대전은 동맹국 대 연합국의 대결이 되었다. 동맹국은 독일, 오스트리아·헝가리 제국(오스트리아는 제1차 세계 대전 발발 전에 헝가리 제국과 연합했다), 오스만 제국, 불가리아로 구성되었고 연합국은 영국, 프랑스, 러시아가 중심이 되었다. 그리고 일본은 영국과 동맹 관계였기에 연합국에 포함되었다. 전쟁 초기 전쟁을 방관한 미국은 독일의 무제한 잠수함 작전으로 자국민이 사망하는 일이 벌어지자, 연합국 일원으로 전쟁에 참전했다. 반면 전쟁 발발의 주역 중 한 나라인 러시아는 국내에서 러시아 혁명이 발생하면서 전쟁에서 이탈했다.

전쟁 중 여러 신무기가 만들어졌다. 독가스, 기관총, 화염 방사기, 탱크, 비행기, 잠수함 등이 제1차 세계 대전 때 등장했고 참호를 활용한 전투도 제1차 세계 대전부터 시작되었다. 과학 기술의

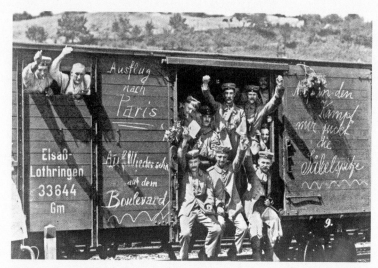

제1차 세계 대전이 발발한 1914년 당시 화물차에 탄 독일군. 열차 왼쪽 위에는 "파리로 가는 여행 (Ausflug nach Paris)"이라고 쓰여 있다. 독일은 프랑스 파리를 점령하고 러시아와 싸워 이겨 강대국 이 되려고 했으나 패전국이 되었다(그림 4).

발달로 발명된 이 무기들 때문에 이전의 전쟁과 비교도 할 수 없을 만큼 많은 사망자가 나왔다. 전쟁은 이러한 신무기를 개발할 수 있는 돈이 많은 나라에 유리하게 전개되었다.

　국가와 국가 간 이해관계가 복잡하게 얽힌 가운데 제1차 세계 대전은 연합국의 승리로 막을 내렸고, 동맹국에 속한 네 나라는 해체되거나 영토를 잃는 등 불이익을 당했다. 독일은 식민지 대부분을 빼앗기고 자국 땅 일부를 프랑스에 넘겨주어야 했으며 엄청난 배상금까지 떠안았다. 오스트리아·헝가리 제국은 다시 오스트리아와 헝가리로 분리되면서 국력이 약화되었고 두 나라들 중 오스트리아는 영구 중립국이 되었다. 오스만 제국은 해체되면서 아예 나라가 사라졌고 불가리아 역시 영토를 빼앗기며 소국으로 전락했다. 해체된 오스만 제국은 이후 독립 전쟁을 거쳐 튀르키예(터키)로 새롭게 탄생했다.

많은 학자는 20세기, 나아가 제1차 세계 대전이 시작된 1914년을 현대사의 기점으로 본다. 그만큼 제1차 세계 대전이 인류사에 끼친 영향은 크다. 그리고 그 영향은 긍정적인 것보다는 부정적인 것이 훨씬 많을 뿐 아니라 피해는 인류가 고스란히 떠안아야 했다. 설상가상으로 제1차 세계 대전이 끝나고 맺은 여러 조약에 불만이 많은 독일은 또다시 전쟁을 준비했고, 결국 제2차 세계 대전이 발발했다. 어찌 보면 제2차 세계 대전은 제1차 세계 대전의 연장전이라고 할 수 있다.

3·1 운동으로
우리 민족은 무엇을
얻었을까?

　1910년대 무단 통치 때문에 우리 민족은 이렇다 할 독립운동
한번 제대로 못하고 탄압을 받았다. 일제는 헌병 경찰을 앞세워
우리 민족을 탄압했고 우리는 일제에 순응하며 살아갔다. 그렇지
만 독립을 향한 의지마저 빼앗긴 것은 아니었다. 나라를 되찾고
민족이 더불어 살아가는 사회를 만들고 싶은 열망은 모두의 가
슴속에 남아 있었다.

　그 열망이 깨어나면서 일어난 운동이 3·1 운동이다. 그리고
3·1 운동에서 표출된 민족정기를 담아 탄생한 것이 대한민국 임
시 정부다.

세계적으로도 유례없는 독립 투쟁 3·1 운동의 배경

기간	1919년 3월 1일~4월 11일
발생 지역	일본 제국 일본령 조선
종류	비폭력 운동
참여 인원	200만 명 이상
사망자	500명 이상 또는 7천 명 이상
부상자	4만 5천 명 이상
체포자	4만 9천 명 이상

　3·1 운동 관련 자료는 국가나 학자에 따라 통계 수치상 차이가 크기 때문에 어떤 것이 정확한지 알기 어렵다. 하지만 위 자료는 중립적인 자료를 모아 작성한 것이기에 3·1 운동의 대략적인 내용을 파악하기에 적합하다.

　3·1 운동은 일제 강점기 최대의 독립운동이자 만세 시위로, 1919년 3월 1일 단 하루에 벌어진 운동이 아니라 그날부터 시작된 운동이다. 위 자료에는 기간이 4월 11일까지로 되어 있으나 일본 측 자료에는 4월 말, 우리나라 자료에는 5월까지 만세 운동이 지속된 것으로 기록되어 있다. 최소한 한 달 이상 지속된 것임은 분명하다. 당시 우리나라는 일본 식민지였기에 위 자료에는

발생 지역이 '일본령 조선'으로 표기되어 있다. 나라를 빼앗긴 설움이 묻어나는 표현이다.

학자나 나라에 따라 가장 큰 차이가 있는 항목은 참여 인원에 관한 통계다. 우리나라 학자들은 3·1 운동 참여 인원을 200만 명 이상으로 보는 반면, 일본 총독부 자료는 106만 명으로 기록하고 있고 일본의 몇몇 학자는 50만 명 정도가 참여했다고 주장한다. 100년도 더 된 사건이고 대규모 민중이 모인 시위다 보니 통계상 차이가 크다.

실제 참여 인원을 정확하게는 알 수 없으나 총독부 자료대로 106만 명이라고 가정할 때, 이는 당시 인구 1,678만 8,400명의 2.76퍼센트에 해당하는 수치다. 전체 인구라고 하면 갓난아이부터 거동이 불편한 노인까지 포함된 숫자이기에 활동 가능한 인구만 생각한다면 2.76퍼센트는 매우 높은 비율이다. 활동 가능한 인구로만 계산할 경우 10명 중 1명이 만세 시위에 참가했다는 통계가 나와 있을 정도다.

참여 인원 못지않게 검거, 사망, 부상자 숫자도 우리나라와 일본 측 자료 사이에는 큰 차이가 있다. 우리나라에서는 3·1 운동 상황을 직접 보고 기록한 박은식의 《한국독립운동지혈사》에 실린 통계 자료를 근거로 하여 사망 7,509명, 부상 1만 5,961명, 체포 4만 6,948명으로 본다. 반면에 조선 총독부가 1919년 4월 말까지 정리한 자료에는 사망 553명, 부상 1,409명, 검거 2만 6,713명으로 기록되어 있다. 사망자와 부상자의 경우 무려 열 배 이상 차이가 날 정도로 오차가 크다. 박은식이 안타까움에 숫자를 부풀려 기록했을 가능성이 없지는 않지만, 그보다는 일제가 사건을 은폐하기 위해 사망자와 부상자 수를 낮게 잡았을 가능성이 더 크다.

어쨌거나 아무리 적게 보아도 3·1 운동이 전 세계에서 유례를 찾아보기 힘든 대규모 독립 투쟁이라는 점만은 틀림없는 사실이다. 이런 대규모 저항은 어떻게 발생한 것일까?

3·1 운동이 일어나게 된 가장 결정적인 원인은 일제의 무단 통치라고 할 수 있다. 한국인의 저항을 억압하고자 실시한 무단 통치 결과, 일본은 한국인의 독립 의지를 원천 봉쇄한 듯 보였다. 하지만 무단 통치 시기의 잔인한 탄압은 오히려 민족적 저항을 불러일으키고 독립 의지를 강화시켰다.

제1차 세계 대전이 끝나 갈 무렵 미국 대통령 윌슨이 민족 자결주의 원칙을 발표했다. 민족 자결주의는 각 민족이 자신의 운명을 스스로 결정해야 한다는 주장인데, 이 원칙은 우리나라처럼 식민 지배를 받고 있는 약소민족에게 희망을 주는 메시지였다. 그러나 민족 자결주의는 제1차 세계 대전에서 패한 나라의 식민지에만 적용되고 우리나라에는 적용되지 않았다.

비록 우리와는 무관하더라도 민족 자결주의 원칙이 소개되면서 우리 민족은 독립 의지를 전 세계에 알리려는 활동을 전개했다. 중국 상하이에서 활동하는 민족 운동가들은 1919년 1월 김규식을 파리 강화 회의에 파견하여 전 세계에 우리 민족의 독립의지를 알렸고, 만주에서 활동하는 민족 지도자 39인은 독립 선언서를 발표했다. 또 2월 8일 일본 도쿄에서는 유학생들이 2·8 독립 선언을 발표했다.

이즈음 국내에서는 예기치 못한 사건이 일어났다. 1919년 1월 고종이 승하한 것이다. 갑작스런 승하 소식에 일본의 독살설까지 퍼지며 사람들은 술렁이고 일본에 대한 적개심은 더욱 높아졌다. 이런 분위기를 몰아 천도교, 크리스트교, 불교를 중심으로 한 종교 지도자와 학생 대표 들은 우리 민족의 독립 의지를 만천하에 알리고자 만세 시위를 계획했다.

거사일은 고종의 장례식이 있는 3월 3일로 예정되었다. 장례식을 보려고 지방에서 많은 사람이 서울로 올라올 테니 대대적인 만세 시위를 벌이기에 적합하다고 판단한 것이다. 그러나 만세 시위에 배포될 독립 선언서를 인쇄하던 중 종로 경찰서 형사 신철에게 문서가 발각되었다. 신철은 이 사실을 일제에 고발하지 않았으나 불안한 주도 세력이 신철을 만나 회유함과 동시에 거사일을 3월 1일로 앞당겼다.

비폭력 시위를 폭력으로 탄압하다

거사는 1919년 3월 1일 오후 두 시 탑골 공원에서 민족 대표 33인이 독립 선언서를 낭독한 후 민중들이 태극기를 흔들며 만세를 부르는 것으로 계획되었다. 하지만 2월 28일 손병희 집에 모인 민족 대표 33인은 탑골 공원에 나가지 않기로 했다. 계획대로 만세 시위를 하면 유혈 사태가 벌어져 인명 피해가 클 것으로 예상했기 때문이다.

이 사실을 모르고 있는 민중들은 3월 1일 오후가 되면서 탑골 공원으로 몰려들기 시작했다. 품속에 태극기를 숨기고 모여든 사람들은 초조한 마음으로 민족 대표의 독립 선언서 낭독을 기다렸다. 오후 두 시가 넘어도 민족 대표가 나타나지 않자 술렁이기 시작했다. 뭔가 잘못된 게 아닌가 걱정한 사람들은 자리를 뜨지 못한 채 우왕좌왕 갈피를 못 잡고 있었다. 이때 학생 하나가 올라가 독립 선언서를 낭독했다. 민족 대표는 아니지만 대학생의 낭독에 귀를 기울인 모든 사람은 낭독이 끝나자 태극기를 흔들고 만세를 부르면서 종로 거리로 뛰쳐나왔다. 3·1 운동이 시작된 것이다.

같은 시각 민족 대표 33인은 탑골 공원이 아닌 음식점 태화관에 모였다. 유혈 충돌을 막고자 태화관에서 독립 선언서를 낭독한 민족 대표는 종로 경찰서로 전화를 하여 자신들이 독립을 외쳤으니 잡아가라고 자진 신고했다. 민족 대표가 계획한 3·1 운동은 전 세계에 민족의 독립 의지를 알리는 것이 목적인 만큼 독립 선언서 낭독은 홍보하되 일반 민중이 희생되는 유혈 사태만은 막고 싶었던 것이다.

그러나 민중의 생각은 달랐다. 일제의 폭압에 억눌린 채 아무것도 못하던 민중은 그저 마음껏 독립 만세를 외치며 숨겨 온 독립에 대한 열망을 드러내고 싶었다. 이렇게 시작된 만세 시위가 실제로 어떻게 진행되었는지 다음의 당시 신문 기사로 확인할 수 있다.

3월 1일 오후 2시 반에 학생 3만 4천 명은 경성 종로통에 모여 군중이 부화하여 여러 대로 나누어 일단은 덕수궁 대한문 앞에 이르러 한국 독립 만세를 부르면서 일시 대한문 안으로 침입했다가 다시 대한문 앞 넓은 마당에서 독립 연설을 했고…… 단체 약 3천 명은 총독부로 향하려 함으로써 본정통에서 이것을 막아 운동은 일시 표면으로는 진정되었고 군중 중에 괴수로 인정할 만한 자 130명을 체포했으며…… 처음의 소요가 진정된 후 1일 오후 8시경에 마포 전차 종점 부근에 약 1천 명이 모였고 또 11시쯤에 야소교 부속 연희 전문학교 부근에 학생 약 200명이 집합했으나 얼마 아니하여 헤어졌고 2일 정시 20분에 종로 네거리에서부터 약

400명이 만세를 높이 부르면서 종로 경찰서 앞으로 지나가매 경찰서에서는 이것을 제지하고…….

— 1919년 3월 7일자 《매일신보》

민중의 만세 시위는 일제의 탄압에도 계속되었다. 3월 1일 서울에서 시작된 만세 시위는 곧 지방으로 번졌다. 사람이 많이 모이는 지방의 거점 도시에서 만세 시위가 시작되어 곧 농촌으로 확산되었다. 즉 우리나라 방방곡곡에서 독립 만세를 외치는 시위가 벌어진 것이다. 만세 시위가 절정에 달한 것은 4월 초였고 이후 일본이 무력을 앞세워 시위를 진압하고 민중을 탄압하자, 4월 말에는 시위가 확연히 줄어들었다.

3·1 운동이 위대한 민족 운동으로 불리는 이유는 여러 가지인데 그중 하나는 비폭력 시위였다는 점이다. 오늘날 우리나라 사람들의 비폭력적이면서도 질서를 지키는 시위 문화에 세계 각국 사람들은 감탄을 금치 못한다고 한다. 그런데 그런 비폭력적 항거가 바로 3·1 운동에서 전개된 것이다. 태극기를 흔들며 독립 만세를 외칠 뿐 폭력을 행사하지 않았다.

하지만 일제는 이런 민중을 향해 무력을 행사하고 사람들을 체포하거나 죽였다. 이에 일부 시위에서는 폭력을 행사하여 일제의 제압을 막아 내려 했으나, 일본의 잔인한 시위 진압을 막아 내

Japanese policeman taking Korean women to prison for shouting "Long Live Korea".

일제는 독립 만세를 외친 우리 민족을 남녀노소 가리지 않고 잡아들였다. 지방으로 번져 나간 3·1 운동 가운데 규모가 큰 시위는 장날과 겹치는 경우가 많았으며 한 곳에서 서너 차례씩 일어나기도 했다(그림 5).

지는 못했다. 일제의 학살과 잔혹함은 전국 각지에서 벌어져 우리 민족의 피해는 커졌다. 다음은 수많은 일제의 학살 중 대표적인 사건 몇 가지만 추려 본 것이다.

• 천안 아우내 만세 운동(1919년 4월 1일) : 천안 병천 시장에 있던 민중 3천여 명이 만세 시위를 했고 진명 학교 교사 김구응과 지역의 청년 및 학생 들이 참여했다. 일본이 강제 진압하여 현장에서 죽은 사람만 19명이고 유관순 등 많은 참가자가 부상당하거나 투옥되었다.

- 제암리 학살 사건(1919년 4월 15일) : 수원군(지금의 화성시) 향남면 제암리에서 일어난 만세 시위를 무력으로 진압한 일본 육군은 제암리 교회에 마을 사람을 모아 놓고 불을 질러 수십 명을 학살했다.
- 사천 학살 사건(1919년 3월 3일) : 평안남도 사천에서 일어난 만세 시위대를 향해 헌병대가 무차별 총격을 가해 73명이 사망했다.
- 화수리 학살 사건(1919년 4월 11일) : 4월 3일 일어난 만세 시위대에 총격을 가한 일본 순사 한 명을 수원군 우정면 화수리 주민이 타살하자, 11일 새벽 일본 헌병과 경찰이 민가에 불을 질러 뛰쳐나오는 사람들에게 총을 쏘아 주민 수십여 명이 죽었다. 40가구가 모여 살던 화수리에는 18가구만 남게 되었고 그나마 남은 주민 중에서는 아사자가 속출할 정도로 탄압받았다.
- 곽산 학살 사건(1919년 3월 6일) : 평안북도 정주군 곽산에서 수천 명이 만세 시위를 일으키자, 일제는 독립운동가 박지협을 체포하여 때려죽였다. 또한 체포된 100여 명 중 50여 명이 고문으로 사망했다.

이상의 내용은 일제가 저지른 만행의 극히 일부에 불과하다. 우리 민족의 평화로운 시위를 일제는 무력으로 학살하며 민중을 체포하고 고문함으로써 독립 의지를 꺾으려 했다. 이러한 탄압 때문에 4월 초 절정에 이른 시위는 5월이 되면서 그 수가 현격하게 감소했다.

만세 시위는 해외에서도 이어졌다. 서간도의 삼원보, 만주, 연해주에 살고 있는 해외 동포들이 만세 시위를 벌였다. 또한 미국 필라델피아에서는 미주 지역 한인 동포들이 한인 자유 대회를 열고 시가행진을 벌여 민족의 독립 의지를 미국 사람들에게 보여 주었다. 일본의 도쿄, 오사카 등지의 유학생들 또한 만세 시위를 전개하며 일제의 식민 지배에 항거했다.

전 세계에 영향을 미친 3·1 운동

민족의 독립을 되찾고자 한 3·1 운동은 일제의 폭압으로 좌절되었다. 하지만 이 운동으로 세계의 많은 사람이 일제 식민 지배의 잔혹함을 알게 된 동시에 우리 민족의 독립 의지를 인식하게 되었다. 그리고 크고 작은 변화들이 생겼다.

가장 큰 변화는 일제 통치 방식에서 왔다. 3·1 운동으로 일본 통치에 대한 국제 여론이 악화되자 일제는 무단 통치를 이른바 문화 통치로 바꾸었다. 한국인을 계속 힘과 무력으로 억누를 경우 세계 여러 나라의 지탄을 받게 될까 우려한 것이다. 일본은 한국인들을 인격적으로 대우하고 일정 부분 정치 참여 기회를 부여하겠다고 약속하는 등 문화 통치를 실시하겠다고 선언했다.

A view of the remains of earthernware in Wha Su Ri village after it was destroyed by Japanese soldiers.

일본 경찰과 헌병이 민가에 불을 질러 폐허가 되다시피 한 화수리. 화수리는 비교적 부촌에 해당했으나 화수리 학살 사건 후 굶어 죽는 사람까지 나올 정도로 큰 피해를 입었다(그림 6).

무엇보다 가장 의미 깊은 변화는 대한민국 임시 정부의 수립이다. 일제의 탄압에 눌려 제대로 된 독립운동을 벌이지 못하는 상황에서도 우리 민족은 끊임없이 독립을 준비하고 계획을 세워 나갔다. 3·1 운동이 일어나 대다수 민중이 참여하는 모습을 보며 민족 지도자들은 이러한 염원을 한데 모아 통일된 독립운동을 이끌 정부 수립의 필요성을 비로소 인식했다. 그리고 이윽고 대한민국 임시 정부가 수립되었다.

3·1 운동은 국내를 넘어 해외에도 영향을 미쳤다. 노벨 문학상

을 받은 인도의 시인 타고르는 3·1 운동을 찬양하며 인도에는 그 같은 위대한 독립운동이 없음에 개탄했다고 한다. 또한 타고르의 작품 〈동방의 등불〉과 〈패자의 노래〉는 3·1 운동을 소재로 쓰인 시다. 이후 3·1 운동은 중국, 인도, 필리핀, 이집트에도 알려지며 각 나라의 독립운동에 영향을 주었다.

이처럼 3·1 운동은 한국을 넘어 전 세계인에게 깊은 영향을 준 평화 시위였다. 그리고 일제 강점기에 일어난 독립운동 가운데 가장 규모가 크고 가장 많은 사람이 참여한 운동이다. 우리 민족이 하나로 뭉쳐 독립을 외친 3·1 운동 덕분에 이후 독립운동은 활기를 띨 수 있었다.

대한민국 임시 정부의 수립

3·1 운동의 가장 두드러진 성과는 대한민국 임시 정부의 수립이다. 비록 나라를 빼앗기긴 했으나 독립운동을 전개하기 위해 정부가 필요하다는 의견은 그전부터 있었다. 계속 뜻이 하나로 모아지지 않다가 3·1 운동을 계기로 민족 대표들이 적극 나서면서 임시 정부가 수립되었다.

3·1 운동을 전후하여 수립된 임시 정부는 전부 일곱 개로 알려져 있다. 하지만 이 중 조선민국 임시 정부, 고려공화국, 간도 임시 정부, 신한민국 정부 등 네 개는 누가 어떻게 수립한 것인지 불

분명하고 실체도 확인할 길이 없다. 실제 존재한 임시 정부는 서울의 한성 정부, 블라디보스토크의 노령 정부, 상하이의 대한민국 임시 정부 등 셋이다.

세 임시 정부 중 가장 먼저 발족한 것은 노령 정부다. 노령 정부는 1919년 2월 블라디보스토크의 전로한족 중앙총회가 국민 의회로 개편된 후 3월 21일 수립한 정부다. 한성 정부는 1919년 3월 중순부터 서울에서 비밀리에 정부 수립을 추진하다가 4월 2일 인천에서 13도 대표자 회의를 열어 정부 수립 방안을 구체화한 뒤 4월 23일 서울에서 국민 대회를 개최하여 공표했다. 당시 한성 정부 수립은 연합통신을 통해 전 세계에 보도되었다. 한편 중국 상하이에서 외교 활동을 하고 있는 민족 대표들은 4월 초 한성 정부 수립이 추진되고 있다는 소식을 들었다. 이에 고무된 민족 대표는 13도 대표로 임시 의정원을 구성하고 4월 11일 상하이에서 대한민국 임시 정부를 수립했다.

이렇게 수립된 세 임시 정부는 통합 작업에 돌입했다. 정체는 대통령 중심제로 하고 중국 상하이에 두기로 합의했다. 또한 한성 정부의 정통성을 따르기로 하고 한성 정부의 조직표에 따라 각료와 조직을 구성했다. 이에 한성 정부의 대표 이승만이 임시 대통령이 되고 노령 정부의 대표 격인 이동휘가 국무총리에 선임되었다.

물론 임시 정부 수립 과정이 순탄하지만은 않았다. 특히 임시 정부를 어디에 둘 것인지에 관해 의견이 크게 엇갈렸다. 우리 민족이 많이 거주하고 있어 무장 투쟁에 유리하고 국내와 가까운 간도나 연해주에 임시 정부를 두자는 의견이 우세했다. 그러나 외교 활동을 통해 서양 열강의 지원을 받아야 한다는 의견이 받아들여지면서 외교에 유리한 상하이에서 임시 정부를 수립하기로 했다. 노령 정부 인사들은 이 결정에 불만이 많았고 일부 인사는 임시 정부 참여를 거부했다.

이처럼 임시 정부가 모든 독립운동가를 아우르지는 못했으나 통합된 대한민국 임시 정부의 출범이 갖는 의미는 상당하다. 대한민국 임시 정부는 우리나라 역사상 최초로 왕정을 버리고 공화정을 선포한 정부다. 비록 주권을 빼앗겨 임시 정부의 형태를 띠긴 했으나, 이때부터 우리나라는 민주주의에 기반을 둔 정치를 시작했다고 볼 수 있다.

1919년 제정된 임시 정부의 제1차 헌법에는 정부 형태를 삼권 분립에 기초한 대통령제로 규정한다. 이후 임시 정부는 제5차 헌법까지 여러 차례 헌법을 바꾸어 나갔지만 민주주의 정부 형태는 이어 갔다.

대한민국 임시 정부의 주요 활동과 위기
대한민국 임시 정부가 초기에 가장 중점을 둔 분야는 외교다.

여러 지역 가운데 상하이를 임시 정부의 본거지로 택한 이유도 상하이에 외국인이 많아 외교 활동에 유리하다고 판단했기 때문이다. 1919년 11월 대한민국 임시 정부의 예산 가운데 69.2퍼센트를 외교에 배당한 것만 보아도 외교 분야를 얼마나 중시했는지 알 수 있다.

임시 정부는 국제 사회로부터 공식적인 정부임을 인정받고 독립에 대한 지원을 이끌어 내는 것이 중요하다고 생각했다. 이에 김규식을 파리 강화 회의에 파견하여 독립 청원서를 제출했다. 또한 이승만이 주도하는 구미 위원부를 미국에 설치하여 한국 독립 문제의 국제 여론화 작업도 펼쳐 나갔다. 그러나 구미 위원부가 1921년 워싱턴 회의에 제출한 독립 요구서는 받아들여지지 않았다. 우리의 생각과 달리 서양 열강은 우리나라의 독립에 관심이 없었다.

외교 활동과 더불어 임시 정부가 가장 신경 쓴 또 하나는 국내와의 연락이다. 국내와 멀리 떨어져 있는 상하이 임시 정부는 국내 소식을 전해 듣고 독립 자금을 주고받기 위한 연락망이 필요했다. 이에 만들어진 것이 연통제와 교통국이다. 연통제는 국내에 설치된 비밀 행정 조직으로 비밀문서, 군자금, 정보 등을 전달하는 업무를 담당했다. 교통국은 통신 기관으로 정보의 수집, 분석 및 연락 업무를 맡았다.

이와 같은 활동을 펼치기 위해서는 자금이 필요했다. 이에 독립 공채를 판매하거나 직접 의연금을 걷어 자금을 마련했다. 또한《독립신문》(서재필, 윤치호가 발행한《독립신문》과 다른 신문이다)을 발행하고 출판 사업으로 생긴 이익금을 활동비로 충당했다.

야심 차게 시작한 임시 정부지만 활동을 이어 나가기는 생각만큼 쉽지 않아 곧 위기가 찾아왔다. 임시 정부 활동에 가장 큰 타격을 안긴 것은 연통제와 교통국의 와해다. 국내와의 연락을 위해 조직된 연통제와 교통국이 일본에 발각되면서 많은 인사가 붙잡혔고 1922년에는 임시 정부의 모든 조직이 무너졌다.

외교 활동의 문제 또한 드러났다. 외교 분야에서 이렇다 할 성과는 나타나지 않고 이승만이 중심이 되어 미국으로부터 한국의 독립을 인정받으려는 활동도 지지부진했다. 이처럼 심혈을 기울인 외교 분야에서 성과가 없자 애초에 임시 정부의 방향이 잘못된 것 아니냐는 회의론이 일었다. 임시 정부를 상하이에 둔 것부터 오판이었다는 의견마저 제기되었다. 이에 임시 정부의 나아갈 방향에 관해 여러 견해가 나오면서 임시 정부는 분열되었다.

이승만을 중심으로 한 인사들은 성과가 미흡하기는 하나 외교 활동을 통해 독립을 이루는 것이 여전히 가장 확실한 독립 방법이라는 외교 독립론을 주장했다. 반면 노령 정부에서 활동하던 인사들은 이동휘를 중심으로 우리의 힘으로 일본과 싸워 이겨야

1919년에 촬영한 대한민국 임시 정부 국무원 기념사진. 앞줄 왼쪽이 신익희, 가운데가 안창호다(그림 7).

만 독립할 수 있다는 무장 투쟁론을 내세웠다. 안창호를 중심으로 한 인사들은 현재 우리 민족의 실력이 약하기 때문에 외교 활동도 잘 안 되고 일본과 싸워도 이길 수 없으니 일단 실력을 쌓기 위한 활동에 매진하자는 실력 양성론을 주장했다.

이즈음 소련은 전 세계 약소민족의 독립운동을 지원하겠다는 정책을 표방했다. 이에 임시 정부의 일부 인사가 소련에 의지하면서 임시 정부 안에 사회주의 사상을 지지하는 사회주의 사상가들이 생겨나자, 기존 민족주의 계열 인사들과 사회주의 계열 인사들 간에 갈등이 빚어졌다.

이처럼 임시 정부 활동에 위기가 찾아올 때쯤 또 다른 사건이 발생했다. 이승만이 미국 대통령 윌슨에게 위임 통치 청원서를 보낸 사실이 밝혀진 것이다. 이승만은 위임 통치 청원서에서 한국을 일본의 학정에서 벗어나게 하고 장래 완전한 독립을 보장하는 조건하에 당분간 한국을 국제 연맹에서 통치해 달라고 했다. 그리고 이 요구는 우리 민족 2천만의 부탁이라며 미국 윌슨 대통령에게 청원서를 보냈다.

이 사실을 알게 된 신채호, 박용만 등 무장 투쟁론자들은 격분했다. 이들은 민족이 원하는 것은 독립이지 일본 대신 다른 나라가 우리나라를 통치하는 것이 아니라고 했다. 그리고 민족 대표들과 상의도 없이 이승만이 2천만 민족 전체의 이름으로 청원서를 보낸 것에 분노했다. 이승만의 위임 통치 청원서는 많은 독립 운동가에게 실망을 안겨 주었을 뿐만 아니라 이승만에 대한 신뢰 또한 무너뜨렸다.

임시 정부는 이러한 총체적 난국을 극복하기 위해 1923년 국민 대표 회의를 열었다. 독립운동의 새로운 방향을 모색하려고 연 국민 대표 회의지만 의견이 분분했다. 신채호를 중심으로 하는 창조파는 상하이 임시 정부를 해체하고 새로운 임시 정부를 세워 독립운동을 전개해 나가자고 주장했다. 반면 안창호를 중심으로 하는 개조파는 정부는 그대로 두고 조직을 새롭게 구성하여 새로운 활동을 전개하면 위기를 극복할 수 있다고 주장했다. 결국 합의점을 찾지 못하여 국민 대표 회의는 결렬되었다.

그 후 창조파를 비롯한 많은 민족 운동가의 이탈로 임시 정부는 조직을 유지하기조차 어려울 정도로 위축되었다. 위기 극복을 위해 1925년 임시 의정원에서 이승만을 탄핵하고 박은식을 새로운 대통령으로 추대한 뒤 지속적으로 헌법을 개정하며 위기 극복에 힘을 기울였다. 사람과 재정이 모두 부족한 상태에서 이렇다 할 활동 없이 대한민국 임시 정부라는 이름과 명분만 간신히 이어 갔다.

　3·1 운동으로 일제의 포악하고도 비인격적인 통치가 전 세계에 알려지자 일본을 비난하는 국제 여론이 형성되었다. 또한 3·1 운동으로 무단 통치의 문제점을 인식한 일본은 강압적 통치로는 한국인을 통제하는 데 한계가 있다고 느꼈다. 이에 일본은 새로운 통치 방식으로 이른바 문화 통치를 내세웠다. 한국인의 인권을 존중하는 새로운 통치를 하겠다고 선언한 것이다. 그러나 문화 통치는 무단 통치보다 더 악랄하고 비열한 통치 방식이었다.

허울뿐인 문화 통치

조선 통치의 방침인 일시동인(멀거나 가까운 사이에 관계없이 친하게 대한다는 뜻)의 대의를 존중하고 동양 평화를 확보하여 민중의 복리를 증진하는 것은 대원칙으로 일찍이 정한 바이다.

3·1 운동 이후 문화 통치를 내세우며 밝힌 훈시의 일부다. 이처럼 사이토 마코토 총독은 우리의 문화와 관습을 존중하는 문화 통치를 실시하겠다고 선언했다.

그리고 문화 통치의 구체적 방안을 밝혔는데 첫 번째는 문관총독의 임명이다. 일제 강점기 초기 일본은 조선 총독으로 육해공군 대장만을 파견하겠다고 밝혀 왔다. 한국을 군대처럼 강압적으로 통치하기 위해서였다. 이로 인해 한국인의 불만이 커졌음을 인정한 일본은 앞으로 문관도 조선 총독으로 임명할 수 있다고 규정을 바꾸었다.

두 번째는 헌병 경찰 제도의 폐지다. 무단 통치의 상징과도 같은 헌병 경찰 때문에 한국인은 폭력과 감시에 시달려 왔으니 헌병 경찰을 없앰으로써 무단 통치를 끝내겠다는 것이다. 따라서 헌병 경찰 제도 대신 보통 경찰 제도를 실시하고 태형 제도와 교원의 제복 착용을 폐지하여 민주적 통치를 하겠다고 선언했다. 언론의 자유도 일부 허용했다. 언론, 출판, 집회, 결사를 엄금한 무단 통치와 달리 신문 창간을 허용하고 사회 운동 단체의 설립도 어느 정도 허용했다. 이에 민족 자본으로 《조선일보》와 《동아일보》가 창간되었다.

정치에도 변화를 주었다. 무단 통치 기간 동안 일본은 한국인의 정치 참여를 허용하지 않는 대신 한국인으로 구성된 자문 기구 중추원을 운영했다. 하지만 일부 친일 인사의 이름만 올려놓고 실제로 중추원의 자문을 받은 적은 없다. 이에 일본은 한국인이 정치에 참여할 수 있는 제도를 마련하겠다고 약속했다. 교육 분야 또한 변화를 꾀했다. 차별 교육 때문에 생긴 불만을 해소하겠다며 한국인이 다니는 학교의 교육 연한과 학교 수를 늘리겠다고 선언했다.

그러나 이 방안들은 모두 우리 민족을 속이기 위한 기만책이었다. 첫 번째로 일제는 문관도 총독으로 임명하겠다고 했지만 식민 통치가 끝날 때까지 문관 총독을 단 한 명도 임명하지 않았다.

두 번째로 헌병 경찰 제도를 폐지하고 보통 경찰 제도를 실시했지만 오히려 감시와 통제는 한층 강화되었다. 일제는 헌병 경찰 제도를 실시할 때보다 경찰 기관, 경찰 인원, 경찰 업무에 들어가는 비용을 세 배 가까이 늘렸다. 또한 1925년에는 치안 유지법을 제정하여 항일 민족 운동에 대한 감시와 탄압을 강화했다.

일제는 사회주의자 단속을 위해 치안 유지법을 제정한다고 설명했지만 실상은 독립운동을 탄압하는 데 악용했다. 1931년 구속된 한국인 수는 1925년 구속된 수의 무려 28배에 달하는데, 대부분 치안 유지법에 의해 구속된 사람들이었다.

언론의 자유 역시 말뿐이었다. 일제는 신문사 창간을 허용하여 민족 언론이 활동하는 것을 허락하는 듯했지만, 기사를 검열하고 삭제함으로써 일본에 불리한 기사가 민중에게 전달되는 것을 가로막았다. 일본의 말을 듣지 않으면 신문을 압수하거나 일정 기간 정간하는 일이 비일비재했다.

한국인을 정치에 참여할 수 있게 하겠다는 말도 거짓이었다. 일본은 오늘날의 지방 의회와 비슷한 협의회 및 평의회를 설치하며 한국인의 정치 참여를 보장해 준다고 했다. 그러나 이 의회는 의결권 없는 자문 기구여서 주민들의 의견이 실제로 정치에 반영될 수 없었다. 그나마도 나중에는 일본인이나 친일파로 구성했다.

교육 분야도 마찬가지였다. 일제는 차별 교육을 없애기 위해 한국인이 다니는 학교의 교육 기간을 일본인이 다니는 학교와 같게 하고 과목별 수업 시수도 비슷하게 구성하겠다고 밝혔다. 또한 고등 교육 기관인 사범 학교와 대학의 설립이 가능하도록 법규정을 바꾸었다. 이 역시 기만책이었다. 무엇보다 학교 수가 부족하고 학비가 비싸다 보니 학교 교육을 받을 수 있는 학생이 적었다. 또한 교육 연한은 의무 규정이 아니어서 일본인 학교와 똑같이 운영되는 경우가 거의 없었다. 법적으로는 대학 설립이 가능했지만 민간의 대학 설립은 허용하지 않았다. 오히려 일본이 한국 교육에 관심을 두고 있음을 보여 주기 위해 일제가 운영하는 경성 제국 대학을 설립하여 친일 교육을 시행했다.

교활한 민족 분열의 속셈

일제가 무단 통치를 문화 통치로 바꾼 이유는 무엇일까? 일제는 우리의 문화와 관습을 존중한다며 문화 통치를 내세웠지만 이는 허울 좋은 명목일 뿐이었다. 문화 통치를 실시한 진짜 이유는 무단 통치에 대한 한국인의 저항을 무마하고 국제 사회의 비난에서 벗어나기 위함이었다. 그래서 문화 통치를 펼치며 한국인들에게 권리를 주는 척했지만 실제로는 감시와 탄압을 강화했다.

그럼에도 일본의 문화 통치에 동조하는 사람들이 등장하기 시작했다. 그들은 일본이 유화 정책을 펼치고 있으니 이참에 우리 민족이 정치에 참여함으로써 잔혹한 식민 통치에서 벗어나야 한다고 주장했다. 이에 등장한 이론이 민족 개조론, 자치론, 참정권론이다.

민족 개조론이란 우리 민족의 성질이 열악하고 도덕적으로 타락해 있으니 민족을 구제하기 위해서는 개조를 해야 한다는 주장이다. 이들은 독립운동을 해 온 민족 지도자들을 비판하며 새로운 민족 운동을 하자고 했다. 또한 우리 민족이 안고 있는 문제와 어려움의 원인은 민족 내부에 있다고 보았다. 따라서 식민지가 된 것은 일본 제국주의의 침략 때문이 아니라 우리 민족 내부의 문제 때문이라고 주장했다.

민족 개조론의 대표 인물은 지식인이자 문인인 이광수다. 이광수는 2·8 독립 선언 당시 독립 선언문을 작성한 석학으로 젊은 학생들에게 지대한 영향을 미치는 인물이었다. 그런 이광수가 민

《동아일보》시절의 이광수와 1922년 잡지 《개벽》에 실린 〈민족 개조론〉. 1920년 창간된 《개벽》은 7천 부 이상 판매되며 1920년대 전반기에 가장 영향력 있는 잡지였다. 〈민족 개조론〉은 독립을 외면하고 3·1 운동을 낮추어 보아 많은 사람의 분노를 샀다(그림 8, 9).

족 개조론을 주장하자 동조하는 사람이 많아졌다. 이광수는 민족의 발전을 위해서는 정치적 결사 운동을 벌여야 한다는 주장도 내세웠는데, 그 내용은 일본이 허락하는 합법적 범위 안에서 정치에 참여하자는 것이었다.

여기에서 발전한 이론이 자치론, 참정권론이다. 이름은 다르지만 민족 개조론, 자치론, 참정권론은 모두 일본의 허락하에 많은 한국인이 정치에 참여함으로써 인권을 보장받자는 주장이다. 하지만 이 주장에는 일본 식민 통치의 인정이라는 전제 조건이 있었다. 일본이 한국을 식민 통치하고 있다는 현실을 일단 이를 받아들이고 나서 그 안에서 우리 민족이 좀 더 편안하게 살 수 있는 방법을 찾자는 것이 이 주장들의 핵심이다.

이런 주장은 많은 사람에게 영향을 주었다. 일제와 맞서 싸우면서 돈도 목숨도 가족도 잃고 힘들게 사는 것보다 식민 지배를 인정하고 이권을 최대한 얻어 내 힘을 키워 나가자는 주장은 얼핏 합리적으로 보였다. 실제로 많은 젊은 지식인이 이 주장에 동조했다.

그러나 이야말로 일본이 노린 술책이었다. 3·1 운동 당시 우리 민족의 단합된 힘과 독립 의지에 놀란 일제는 우리 민족을 분열시킬 방법을 모색했다. 그렇게 탄생한 것이 문화 통치다. 문화 통치를 통해 독립운동에 지친 지식인들에게 정치 참여 기회를 주겠다며 접근했다. 결국 일본의 논리에 넘어간 사람들은 일본과 싸우지 말고 우리의 실력을 향상시켜 나가자는 그럴싸한 주장을 하게 된 것이다.

독립운동을 이끄는 민족 지도자들은 이 주장을 받아들일 수 없었다. 우리 민족이 원하는 것은 일본의 식민 지배에서 벗어나는 것이다. 하지만 민족 개조론·자치론·참정권론을 펴는 사람들은 식민 지배를 인정하고 그 안에서 권리를 찾자고 주장하니 기본 전제부터 다를 수밖에 없었다. 결국 민족 운동을 이끄는 지식인층은 분열하기 시작했다. 서로 자신의 견해가 옳다고 상대방을 비난하니 독립운동 세력은 약해졌다. 그것이 바로 일본이 바라는 문화 통치의 목적이었다.

그렇다면 정말 이광수를 비롯한 지식인들의 주장처럼 일본이 정해 준 합법적 공간에서 우리의 권리를 찾아가는 것이 현명한 길이었을까?

1920년대 이들의 주장은 맞는 이야기처럼 들리기도 했다. 그러나 1930년대가 되어 본격적인 침략 전쟁에 나선 일본이 우리나라 사람들을 전쟁에 동원할 때, 선봉장이 된 사람들이 일본과 타협한 지식인들이었다. 그들은 일본이 허용한 합법적인 공간에서 안락한 삶을 살다가 친일파가 되었고, 우리 민족을 일본이 일으킨 전쟁에 참여시키고 일본을 적극적으로 도왔다. 결과적으로 일본의 유화책은 우리 민족을 분열시키기 위한 덫이었음이 밝혀졌다. 그 덫에 지식인들이 걸려들었음은 안타까운 일이 아닐 수 없다.

산미 증식 계획으로 몰락하는 농민들

일본은 아시아 최초로 산업 혁명에 성공하며 공업 국가가 되었으나, 이 과정에서 문제가 발생했다. 농민들이 일자리를 찾아 도시로 이동하면서 쌀 생산이 줄어든 것이다. 식량 부족 사태가 발생하자, 일제는 부족해진 식량을 우리나라에서 빼앗아 갈 계획을 세웠다. 그에 따라 실시된 것이 산미 증식 계획이다.

산미 증식 계획이란 쌀 생산량을 늘리는 것으로, 1920년에서 1934년까지 지속되었다. 일제가 쌀 생산을 늘리려는 목적은 초과 생산한 쌀의 수탈이었다. 제1차 계획 1921~1925년 5년, 제2차 계획 1926~1935년 10년으로 정했다. 그리고 해마다 목표 생산량을 정해 두고 우리나라 농민들에게 증산을 강요했다.

쌀의 증산을 위해 일본은 우선 농지 확장을 지시했다. 척박한 땅을 개간하여 농지로 만들고 밭을 논으로 바꾸었다. 수확량이 많은 품종으로 벼 종자를 개량하고 질 좋은 퇴비와 비료의 사용도 장려했다. 벼농사를 짓는 데에는 물이 필수이므로 저수지와 제방을 만들었다.

이처럼 다양한 방법을 동원했음에도 쌀 생산은 일본의 계획만큼 늘지 않았다. 하지만 생산량이 늘어나지 않았는데도 처음 목표대로 쌀을 수탈했다. 그러다 보니 우리나라 사람들이 먹을 수 있는 쌀의 양은 점점 줄어들었다. 실례로 1920년 1,270만 석이던 쌀 생산량이 1928년에는 1,730만 석으로 36.2퍼센트 증가했다. 반면 일본의 쌀 수탈량은 1920년 185만 석에서 1928년에는 742만 석으로 401.1퍼센트 급증했다. 결국 우리나라 사람들이 소비할 수 있는 쌀의 양은 1920년 1,085만 석에서 1928년에는

988만 석으로 10퍼센트나 감소했다.

문제는 여기에서 끝나지 않았다. 쌀 생산량을 늘리기 위한 개간·간척·종자 개량에 들어가는 비용, 비료 대금과 수리 조합비 등을 우리 농민들에게 떠넘겼다. 농민들은 자신의 돈을 들여 가며 생산량을 늘렸건만 쌀은 일본에 빼앗기고 막상 먹을 것이 없어 굶주림에 시달려야 했다.

15년 가까이 산미 증식 계획이 지속됨에 따라 우리나라 농민들은 점점 더 궁핍해졌다. 온갖 노력을 기울여 쌀 생산이 늘어날수록 몰락하는 농민의 수가 늘어나는 어처구니없는 일이 벌어졌다. 결국 그 농민들은 화전민이나 도시 빈민이 되어 생활을 이어 갔고, 그마저 여의치 않을 경우 만주와 연해주 등지로 이주해야 했다.

일본 기업의 한반도 경제 장악

산업 혁명으로 공업이 발달한 일본은 자국에서 생산한 공업 제품을 세계 각국에 수출하며 경제적으로 크게 성장했다. 많은 부를 축적하며 세계적 기업으로 성장한 일본의 대기업들은 한국으로 진출하고 싶어 했다. 이에 조선 총독부는 1920년 허가제로 운영하던 회사령을 폐지했다.

조선 총독부의 허가를 받은 회사만 한국에서 상거래를 할 수 있도록 하던 허가제는 절차가 까다롭고 번거로웠다. 이에 일본 기업들이 한국에서 자유롭게 활동할 수 있도록 회사령을 폐지하고 신고제를 도입했다. 이제 일본 기업들은 조선 총독부에 신고만 하면 아무 제한 없이 마음껏 상업 활동을 할 수 있게 되었다. 또한 일본 상품의 한국 수출을 위해 1923년 관세를 폐지했다. 일본 상품은 공장에서 만들어진 규격화된 물건인 데다 관세가 없어 가격도 비싸지 않으니 일본 제품을 구매하는 한국인이 많았다.

회사령 폐지로 기업 설립이 이전보다 용이해지자 우리나라 민족 자본가들 역시 많은 회사를 세웠다. 하지만 대부분이 소규모 공장을 운영하는 작은 회사였다. 이 민족 자본가들은 막강한 자본을 바탕으로 대규모 생산량과 유통망을 지닌 일본 대기업의 상대가 되지 못했다.

만주의 독립군은 일본군과 어떻게 싸웠을까?

일본이 나라를 빼앗아 갔지만 독립 의지마저 앗아 갈 수는 없었다. 1910년 한일 병탄으로 주권을 완전히 강탈당하기 전부터 싹튼 독립운동은 이후에도 지속되었다.

문제는 나라를 되찾을 방법이 무엇인가 하는 것이었는데, 전쟁을 통하여 한반도에서 일본을 완전히 몰아내고 국토와 주권을 되찾아야 한다고 주장하는 사람들이 있었다. 이러한 무장 투쟁론자들은 주로 만주나 연해주를 근거지로 삼고 일본과의 전쟁을 준비해 나갔다.

독립운동 기지 건설

국권 피탈 이전 의병 전쟁으로 일본의 침략을 막으려 하던 사람들은 일본의 탄압에 못 이겨 의병 활동을 중단했지만, 여전히 일본을 군사적으로 막아 내는 것이야말로 독립의 지름길이라 생각했다. 국외로 근거지를 옮겨 일본과 싸울 준비를 해 나간 그들이 택한 지역은 만주와 연해주다. 만주 또는 간도라고 불리는 곳은 우리나라 북쪽에 위치하며 지리적으로 가까워 언제든 국내로 들어올 수 있는 장점이 있었다.

일본과 전쟁을 벌이기 위해서는 독립운동 기지 건설이 중요했다. 기지는 독립군이 상주해야 하므로 먹고 자며 생활하는 마을 형태를 띨 수밖에 없었다. 마을에는 사람들이 거주하니 자치 기관이 있어야 하고 아이들을 교육하고 군사 훈련을 할 학교도 있어야 했다. 이 같은 독립운동 기지가 있던 지역은 세 군데다.

첫 번째 지역은 서간도다. 서간도에 있는 대표 기지 삼원보는 신민회가 앞장서서 건설한 곳이다. 신민회의 이회영, 이상룡 등은 삼원보에 한인 마을을 건설하고 신흥 강습소라는 학교를 세웠다. 신흥 강습소는 군사 교육을 실시하여 독립군을 양성했고 후에 신흥 무관 학교로 발전한다. 이 신흥 무관 학교 출신이 주축이 되어 만들어진 독립군 조직이 서로 군정서다. 군정서 출신들은 서로 항일 투쟁에 앞장서고 1930년대 이후에는 임시 정부의 군사 조직에서 활동하는 등 무장 독립 투쟁의 선봉장 역할을 했다.

두 번째 지역은 북간도다. 이곳에는 일본의 탄압을 피해 이주한 우리나라 동포들이 마을을 형성하고 살면서 자연스럽게 독립운동 기지가 건설되었다. 이주한 동포들은 용정촌·명동촌 등 한인 마을을 세우고 자치 단체를 만들어 운영했으며, 민족 교육을 위해 서전 서숙·명동 학교 등 학교를 세웠다. 이후 대종교 신자들이 북간도로 이주하여 조직한 독립 단체 중광단은 3·1 운동 이후 북로 군정서로 개편되었다. 유명한 청산리 대첩의 주요 부대 중 하나가 북로 군정서다.

연해주 지역에서는 블라디보스토크를 중심으로 한인 마을 신한촌이 만들어지면서 독립운동 기지 역할을 했다. 이들은 자치 단체인 권업회를 만들고 이상설과 이동휘를 정·부통령으로 하는 대한 광복군 정부를 구성하는 등 조직적인 독립운동을 펼쳐 나갔다.

독립군 연합 부대의 승리, 봉오동 전투

간도와 연해주를 중심으로 독립운동 기지를 개척한 사람들은 부대를 만들고 일본과의 전쟁을 준비했다. 특히 1919년 3·1 운동의 영향이 간도에까지 미치자 이 기회에 무장 독립 투쟁을 발전시켜야 한다며 일본과의 전쟁에 적극 가담하는 사람들이 생겨났다. 그 맨 앞에 선 인물이 홍범도와 최진동이다.

대한 독립군을 이끌던 홍범도가 3·1 운동을 기점으로 대규모 대일 항전을 준비하며 연합 부대를 꾸리기 시작했다. 홍범도의 대한 독립군은 1920년 5월 최진동이 이끄는 군무 독군부, 안무가 이끄는 국민회군과 연합하여 대한 북로 독군부를 편성했다. 대한 북로 독군부는 만주 화룡현 봉오동에 근거지로 하여 일본과의 전쟁을 준비했다.

1920년 6월 4일 대한 북로 독군부의 1개 소대가 화룡현 삼둔자를 출발하여 두만강을 건너가 함경북도 종성군 강양동에 주둔 중인 일본군의 국경 초소를 습격하여 격파했다. 이를 알게 된 일본군은 반격하려고 1개 중대를 출동시켰다. 초소를 습격한 한국군이 삼둔자에서 출발한 사실을 알게 된 일본은 중대를 삼둔자로 보냈고, 홍범도 등 독립군 사령부는 삼둔자에 군대를 매복시켰다. 일본군이 삼둔자로 다가오자 총격전을 벌이면서 일본군을 유인한 독립군은 일본군이 완전히 삼둔자로 들어오자 공격을 퍼부어 60여 명을 사살했다. 6월 6일 열 시경의 일이다.

초소 습격에 이어 삼둔자에서도 대패했음을 알게 된 일본군 사단장은 독립군에게 보복하겠다며 야스카와가 지휘하는 1개 대대를 출동시켰다. 대규모 일본군이 다가온다는 사실을 알게 된 홍범도는 봉오동 지역의 주민을 모두 철수시키고 군대를 매복시

1920년 6월 봉오동 전투와 같은 해 10월 청산리 대첩을 승리로 이끈 대한 독립군의 홍범도. 스탈린의 한인 강제 이주 정책으로 카자흐스탄으로 이주하여 말년에는 극장 수위 등으로 일했다(그림 10).

켰다. 봉오동은 두만강에서 40리 거리에 있는 계곡 지대로, 고려령의 험준한 산줄기가 병풍처럼 둘러싸고 수십 리 뻗어 있는 곳이다. 홍범도는 봉오동이 대규모 일본군을 상대하기 적합한 장소라고 판단했다.

6월 7일 새벽 야스카와 부대가 소수의 독립군이 매복해 있는 안산 촌락으로 돌입하자 독립군은 일제히 총격을 가했다. 이 과정에서 독립군과 야스카와 부대 모두 타격을 입었지만, 야스카와 부대는 독립군을 잡을 수 있다고 판단하고 다시 대오를 정비한 뒤 독립군을 추격했다. 이에 독립군은 도망치는 척하며 야스카와 부대를 유인했다. 독립군을 쫓아 야스카와 부대가 봉오동으로 들어오자 매복해 있던 독립군은 일제히 사격을 가했다. 일본군은 사망 157명, 중상 200여 명, 경상 100여 명의 피해가 발생했으나 독립군은 사망 4명, 중상 1명에 그쳤다. 이것이 그 유명한 '봉오동 전투'다.

민족에게 큰 힘이 된 청산리 대첩

봉오동 전투에서 우리나라 독립군이 승리한 첫 번째 이유는 홍범도를 비롯한 독립군 장군의 뛰어난 전술이다. 적은 수의 병력으로 대군을 물리치기 위한 전술이 승리의 요인으로 작용한 데다 지형을 잘 알고 있는 것이 한몫했다.

일본군과의 격전지가 중국 영토였다는 점 역시 독립군에게 유리하게 작용했다. 우리나라는 이미 나라를 빼앗긴, 즉 고국이 없는 사람들이기에 어디든 자리를 잡고 생활하다가 문제가 생기면 또 다른 곳으로 옮겨 가 생활하는 것이 가능했다. 하지만 일본은 달랐다. 일본이 중국 땅인 만주에 군대를 보낸다는 것은 전쟁을 선포하는 것이나 다름없으므로 조심스러울 수밖에 없었다. 봉오동 전투 당시 야스카와 부대가 간도에 파견된 것도 엄밀히 말하면 중국에 대한 침략 행위였다. 이런 이유 때문에 일본은 전투에서 패하고도 봉오동 지역에 대규모 추가 파병을 할 수 없었다.

이러한 상황에 약이 오른 일본은 직접 나서서 독립군을 토벌할 명분을 만들고자 훈춘 사건을 일으켰다. 일본이 마적들을 사주하여 지린성(길림성) 훈춘에 있는 일본 영사관을 습격하도록 한 것이 훈춘 사건이다. 마적들은 일본으로부터 돈을 받고 일본 영사관을 습격하여 도적질을 했는데, 일본은 한국 독립군의 소행이라고 주장했다. 한국군이 일본 영사관을 습격했으니 재발 방지를 위해 일본군을 파병해 간도에 있는 한국 독립군을 토벌하겠다는 것이 일본의 논리였다.

훈춘 사건으로 간도에 군대를 보낼 수 있게 된 일본은 1920년 10월 5개 사단에서 차출한 군인 2만 5천 명과 항공대까지 동원하여 간도를 침공했다. 일본군의 대규모 공격에 대한 독립군, 국민회군, 의군부, 한민회군, 광복단, 의민단, 신민단 등의 독립군 부대는 홍범도를 사령관으로 한 독립군 연합 부대를 편성했다. 독립군 연합 부대의 병력은 약 1,400명 정도였다. 한편 이와는 별도로 일본군의 간도 침공 소식을 듣고 청산리에 주둔하던 북로 군정서는 김좌진을 중심으로 전쟁 준비를 했다. 약 600명 정도의 병력이었다. 이렇게 하여 일본군과 한국 독립군 사이에 대규모 전쟁이 벌어졌는데 이것이 바로 '청산리 전투'다.

청산리 전투의 첫 싸움은 1920년 10월 21일 아홉 시경 청산리 백운평에서 김좌진이 이끄는 북로 군정서와 일본군 사이에 시작되었다. 여기에서 북로 군정서는 일본군 300여 명을 사살하며 대승을 거두었다. 같은 날 오후부터 다음 날 새벽까지 완루구에서 벌어진 홍범도의 연합 부대와 일본군의 싸움이 두 번째 전투였다. 이 싸움에서 홍범도의 연합 부대는 일본군 수백 명을 사살하는 전과를 올렸으며 홍범도의 전술에 혼비백산한 일본군은 자기들끼리 사격하는 등 혼란에 빠졌다.

한편 백운평 전투에서 승리한 북로 군정서는 이동하는 도중 일본 기병대와 맞닥뜨렸고, 전투 도중 일본 보병 연대가 합세하면서 일본군에게 포위당하고 말았다. 완루구 전투를 마치고 이동하던 홍범도의 연합 부대는 북로 군정서군이 일본군에게 포위되어 있다는 소식을 들었다. 이에 어랑촌 부근에서 홍범도와 김좌진의 연합 부대가 일본군과 전투를 벌이게 되었다. 이 전투에서 독립군 2천여 명은 일본군 5천여 명과 하루 종일 혈전을 벌여 결국 승리했다.

이후 독립군은 일본군을 피해 안도현으로 철수하고 그 과정에서도 크고 작은 전투가 이어졌다. 첫 싸움인 백운평 전투가 벌어진 10월 21일부터 10월 26일 새벽까지 엿새 동안 총 10여 차례의 전투가 벌어졌는데 엿새 간의 전투 전체를 청산리 전투라고 부른다. 청산리 전투에서 일본군은 전사자 1,200여 명이 발생한 반면, 독립군 전사자는 약 10분의 1 수준인 130여 명에 그쳤다.

그래서 청산리 전투를 청산리 대첩이라고도 일컫는다.

독립군의 시련

봉오동 전투와 청산리 대첩의 승리 소식은 국내의 우리 민족에게 큰 힘이 되었다. 우리의 힘으로 나라를 되찾을 수도 있다는 생각에 많은 사람이 민족 운동에 참여하게 되어 1920년대 국내 민족 운동은 활발하게 전개되었다.

이처럼 독립군의 승리가 우리에게는 힘이 되었으나, 일본에게는 자존심 상하는 일이었다. 자신들의 정규군이 제대로 된 군사 훈련조차 받지 못한 한국 독립군에게 연이어 패했다는 소식은 일본으로서는 자존심에 상처가 난 사건이었다.

일본은 치졸하면서도 잔인한 방법으로 독립군에게 보복을 가했다. 독립군이 간도 지역에서 활동하지 못하게 하려면 한국인 거주지가 없어져야 한다는 판단으로 한인 마을을 공격했다. 무장하지 않은 민간인이 살고 있는 간도의 한인 마을을 공격한 일본 군대는 집과 학교 등을 불태우고 우리 동포를 무차별 학살했다. 1920년 10월부터 1921년 봄까지 이어진 이 만행을 '간도 참변'이라고 한다.

간도 참변 당시 용정촌에서 병원을 운영한 캐나다 선교사 스탠리 마틴은 간도 참변을 목격하고 그 광경을 기록하여 국제 사회에 알렸다. 다음은 스탠리 마틴이 직접 기록한 내용이다.

간도 용정촌에서 40리 정도 떨어진 한 마을을 일본군 1개 대대가 포위했다. 남자라면 늙은이, 어린아이를 막론하고 끌어내어 죽이고, 못 다 죽으면 타오르는 집이나 짚더미에 던져 타 죽게 했다. 이 상황을 바라보고 있어야만 했던 그들의 아내와 어머니 들 가운데에는 땅바닥을 긁어 손톱이 뒤집힌 사람도 있었다. ……할머니와 며느리 들이 잿더미 속에서 타다 남은 살덩이와 부서진 뼈를 줍고 있는 것을 보고 나는 신에게 기도를 드리며 시체 하나를 끌어내어 흩어진 팔과 다리를 주워 모은 후 사진을 찍었다. 어찌나 분통하던지 사진기를 고정시킬 수 없어 네 번이나 사진을 찍었다.

— 조지훈, 《한국 민족 운동사》

이처럼 일본군은 민간인을 상대로 만행을 저지르는 한편 독립군을 섬멸하겠다며 공세를 이어 갔다. 이에 간도에서 독립운동을 하는 것이 여의치 않다고 판단한 독립군은 약소민족의 독립운동을 지원하겠다는 러시아의 약속을 믿고 러시아로 이동했다. 그러나 내전 중인 러시아는 우리 민족을 도와줄 수 없는 상황이라 독립군은 러시아령 자유시에 모여 앞으로의 일을 의논했다.

자유시에 모인 독립군 사이에서 지휘권을 둘러싸고 다툼이 벌어졌다. 자유시에 주둔해 있는 러시아 군대는 독립군의 지휘권 다툼을 이해하지 못하여 소란을 잠재우고자 독립군에게 무장 해제를 강요했다. 이 과정에서 독립군 수백 명이 러시아 군의 총에 희생되는 일이 벌어지고 말았다. 이를 '자유시 참변'이라고 한다.

자유시 참변 이후 살아남은 독립군 대다수는 러시아 군대에 편입되거나 포로가 되었고 일부만 만주로 돌아왔다. 만주로 돌아온 독립군은 전열을 정비하고자 노력했다. 하지만 군대의 수나 무기의 보유 등에서 일본군에게 크게 뒤진 독립군이 다시 일본에 맞서 싸우기까지는 많은 시간이 필요했다.

러시아 혁명과 소련의 탄생

　20세기 초반까지 러시아는 유럽 내에서 후진국에 속했다. 경제적으로는 농업에 의존하는 농업 국가였으며, 정치적으로는 전제 왕권을 기반으로 하는 전근대적인 나라였다. 제1차 세계 대전 발발 당시 러시아는 전쟁 주도국이지만 실상 국민의 생활 수준은 처참했다. 계속되는 흉년과 전쟁 비용 부담으로 국민들은 먹을 것조차 구하기 힘들었다. 러시아 황실은 전쟁이 곧 끝날 것이라며 전쟁 후 얻을 이득에 대해 언급하며 국민들을 설득했다.

　그러나 몇 달이면 끝날 줄 알았던 전쟁은 해를 넘기며 길어졌다. 1917년 드디어 러시아 국민은 폭발했다. 굶어 죽는 사람이 속출하고 식료품 가게를 터는 사람들 때문에 치안과 질서는 엉망이었다. 심지어 연일 러시아 군대가 패했다는 소식이 들려왔다. 일을 해도 월급을 제대로 받지 못한 노동자들은 총파업에 들어갔다.

　1917년 3월 시위가 지속되자 황제는 군대에 시위대 진압을 명령했으나, 병사들마저 시위대에 합류하고 장교들은 성난 군중에

놀라 도망쳤다. 병사들은 시위대에게 무기를 나누어 주었고 무장한 시위대는 황제가 있는 페테르부르크의 겨울 궁전으로 쳐들어갔다. 결국 1917년 3월 15일 니콜라이 2세는 퇴위하고 겨울 궁전에는 혁명을 상징하는 붉은 깃발이 올라갔다. 이것이 3월 혁명이다.

니콜라이 2세가 물러나고 케렌스키가 이끄는 임시 정부가 들어섰다. 케렌스키와 임시 정부 관계자들은 러시아에 입헌 군주제 정부를 수립하려 했다. 그때 레닌이 등장했다. 레닌은 모든 권력의 중심은 노동자 대표 기관인 소비에트(평의회)가 가져야 한다고 주장하면서 자신이 이끄는 볼셰비키('다수파'를 뜻하는 러시아 말)의 지도자로 두각을 나타내기 시작했다. 급기야 '4월 테제'를 발표하고 "모든 권력은 소비에트로"를 외치며 민중을 선동했다. 이에 임시 정부가 독일 간첩으로 몰아 체포하려고 하자 레닌은 외국으로 도망가야 했다.

케렌스키의 임시 정부는 볼셰비키 세력을 몰아내고 새로운 정부를 수립할 준비를 이어 갔다. 하지만 황제를 추종하는 인물 코르닐로프가 쿠데타를 일으켜 임시 정부를 전복하려 하자, 케렌스키는 어쩔 수 없이 볼셰비키 세력에 도움을 청했다. 쿠데타를 진압한 볼셰비키는 민중으로부터 전폭적인 지지를 받게 되었다. 이때부터 임시 정부는 러시아 민중의 신뢰를 잃어 약화되었

병사들에게 연설하는 케렌스키(1917년). 그는 러시아 임시 정부의 법무장관, 육해군 장관을 거쳐 총리를 지냈지만 1918년 미국으로 망명했다(그림 11).

는데, 가장 큰 이유는 전쟁을 지속하겠다는 정책 때문이다. 러시아 민중은 자신들의 궁핍한 생활을 전쟁 탓으로 여기고 있어 제1차 세계 대전에서 러시아가 빠지기를 원했다. 그러나 케렌스키는 전쟁을 계속하겠다고 발표한 반면, 볼셰비키는 더 이상 전쟁을 하지 않겠다고 선언했다. 그리고 드디어 레닌이 비밀리에 귀국했다.

1917년 11월 7일 레닌이 이끄는 볼셰비키는 무장봉기를 일으켜 케렌스키를 축출하고 소비에트 정권을 수립했다. 이를 11월 혁명 혹은 볼셰비키 혁명이라고 한다. 권력을 장악한 레닌은 독일과 단독 강화 조약을 맺고 전쟁을 중단했다. 그러고는 토지 개혁을 실시하여 농민에게는 땅을 나누어 주었다. 전쟁과 기근에 신음하던 러시아 민중은 레닌에게 열광했다.

한편 레닌과 볼셰비키에 의한 사회주의 혁명을 저지하려는 사람들은 반혁명 조직을 만들어 볼셰비키를 공격했다. 미국, 영국, 프랑스 등 14개 국가도 군대를 보내 반혁명 조직을 지원했으나 민중의 지지를 받은 혁명 세력이 결국 승리했다.

혼란을 가라앉히고 정식 지도자 자리에 오른 레닌은 러시아를 완전한 사회주의 국가로 탈바꿈시켰다. 의회를 해산하고 프롤레타리아 독재 체제를 확립했다. 공산당 이외 정당의 활동을 금하고 수도를 모스크바로 옮겼다. 러시아가 사회주의 국가가 되었다는 소식은 주변 여러 나라에 영향을 주었다. 러시아와 비슷한 농업 중심 나라들은 사회주의 국가가 되어 새로운 정치를 해 나가고자 하여 우크라이나, 벨라루스 등이 사회주의 국가로 변모했다. 그리고 1922년 12월에는 러시아를 중심으로 소비에트 사회주의 공화국 연방, 일명 '소련'이 탄생한다.

레닌은 마르크스의 사회주의 이론을 실제 정치에 도입한 최초의 인물로 추앙받았다. 하지만 1924년 쉰네 살 나이로 짧은 생을 마감했다.

왜
실력 양성 운동을
하게 되었을까?

일제 강점기 국내의 독립운동은 1920년대에 활성화되었다. 이 시기 민족 운동가들이 가장 중점을 둔 것은 우리 민족의 실력을 키우기 위한 실력 양성 운동으로, 특히 경제 분야와 교육 분야에 주력했다. 실력을 키워 독립 역량을 강화하고자 한 민족 운동가들은 경제적 자립과 교육을 통한 국민 수준의 향상을 최우선 과제로 삼았다.

"내 살림 내 것으로", 물산 장려 운동

1920년대 들어 회사령이 폐지되면서 일본 회사들이 대거 들어와 우리나라 기업들은 위기를 맞았다. 일본과 달리 우리나라 기업들은 여전히 수작업으로 물건을 만들고 있었기에 일본 상품에 비해 물건의 질이 떨어질 수밖에 없었다. 이런 상황에 한국과 일본 사이에 관세가 없어진다는 소식이 전해지자, 한국 기업들의 위기의식은 고조되었다. 관세가 없으면 일본 제품의 가격은 낮아질 것이고 사람들은 당연히 질 좋고 저렴한 일본 제품을 더 많이 구매할 게 뻔하기 때문이었다.

이에 위기에 빠진 우리나라 기업을 살리고 민족 자본을 육성하자는 취지를 담아 1920년 평양에서 조만식, 김동원 등이 조선 물산 장려회를 만들어 물산 장려 운동을 시작했다. 조선 물산 장려회는 경제 진흥, 사회 발전 그리고 실업자 구제책을 발표함과 더불어 행동 강력으로 국산품 애용, 근검절약, 금주·금연 등을 주장했다.

이들은 일간지를 통해 활동을 홍보하고 국산품 애용을 장려하는 지방 순회 강연회를 개최했다. 이에 "내 살림 내 것으로"라는 구호를 내걸고 절약과 금주, 금연으로 돈을 아껴 조금 비싸더라도 우리나라 기업이 만든 상품을 소비하여 민족 산업을 보호하자는 운동을 전개했다. 평양에서 시작된 물산 장려 운동은 많은 사람의 호응을 얻었고 1923년에는 서울에 조선 물산 장려회가 만들어지면서 전국적인 운동으로 확산되었다.

　조선 물산 장려회는 일반 민중이 생활 속에서 실천할 수 있는 방법을 구체적으로 제시했다. 이를테면 의복은 민족 기업이 만든 한복(남자는 두루마기, 여자는 치마)을 착용할 것, 소금·설탕·과일·청량음료를 제외한 음식은 모두 조선 물산을 사용할 것, 일용품은 조선인 제품으로 사용할 것 같은 것들이었다.

　물산 장려 운동에 참여하는 사람들이 많아지면서 민족 기업은 성장해 갔다. 점차 국산품 소비가 늘어 무명, 광목을 만드는 공장과 이를 판매하는 상인들이 큰돈을 버는 등 우리나라 기업과 상인은 호황을 누리기도 했다. 또한 민족의식이 높아지고 실력 양성의 중요성에 관한 민중의 의식이 향상되는 등 계몽적인 면에서 큰 성과를 거두었다. 이에 놀란 일본이 조선 물산 장려회가 계획하는 가두 행렬이나 계몽 강연회를 방해할 정도로 물산 장려 운동의 파장은 대단했다.

1920년에 시작된 물산 장려 운동은 1920년대 내내 이어졌고 1929년에는 새로운 활동 방향을 모색하면서 활기를 띠는 듯했다. 그러나 물산 장려 운동에 대한 호응은 시간이 지남에 따라 점차 줄어들었다. 급기야 1940년 8월 조선 물산 장려회가 일제에 의해 강제 해산되면서 모든 활동을 종료했다.

야심 차게 시작하여 민중의 관심을 모은 물산 장려 운동은 결과적으로 기대한 성과를 얻지 못했다. 원인은 운동을 주도한 계층이 주로 자본가나 상인층이었다는 데 있다. 식민 지배에서 벗어나기 위해 민족 자본을 육성한다는 취지는 좋았으나, 이는 결국 자본가나 상인층이 부를 축적할 수 있도록 민중이 희생하자는 의미이기도 했다. 실제로 물산 장려 운동이 진행되는 과정에서 일부 자본가와 상인은 상품을 비싸게 판매했다. 가격이 비싸도 사람들이 물건을 사 주니 이 기회에 큰돈을 벌어 보자는 속셈이었다.

물산 장려 운동으로 민족 기업을 살리려 한 진짜 이유는 축적된 자본이 기술 발전으로 이어져 이후 낮은 가격으로 품질 좋은 제품을 생산해 우리나라 경제 발전을 꾀하려는 것이었다. 하지만 자신의 이익을 챙기는 데 급급한 일부 자본가와 상인 들로 인해 물산 장려 운동의 취지는 퇴색되고 민중의 삶은 어려워졌다.

이런 현상을 보며 사회주의자들은 물산 장려 운동을 비난했고 마침내 민중도 외면했다. 결국 민족 자본 육성을 위한 물산 장려 운동은 성과를 올리지 못한 채 막을 내렸다.

실패했지만 뜨거웠던 민립 대학 설립 운동

1920년대 들어 문화 통치로 통치 방식을 바꾸며 일본이 제시한 것 중 하나는 교육의 변화다. 한국인과 일본인을 차별 없이 교육하겠다고 선언하고 한국인을 위한 대학의 설립을 약속했다. 이에 우리나라 교육 지도자들은 큰 기대를 품었다. 특히 당시 우리나라에 전문학교(오늘날의 2~3년제 대학)는 있었으나 대학(오늘날의 4년제 대학)이 없었기에 대학을 설립하여 우수한 인재를 양성하고자 했다. 이에 민족주의 지식인들은 우리의 힘으로 대학을 설립하기 위한 민립 대학 설립 운동을 전개했다.

1922년 1월 이상재, 이승훈 등이 중심이 되어 조선 민립 대학 기성회가 조직되었다. 이들은 민족의 선결문제가 교육이며, 문화의 발달과 생활의 향상은 고등 교육 기관인 대학을 통해서 가능하다고 보았다. 이에 민립 대학 설립에 앞장섰다.

민립 대학 설립에 가장 필요한 것은 무엇보다 자금이었다. 조선 민립 대학 기성회는 자본금 1천만 원을 3년에 걸쳐 모금하여 대학 설립에 사용하려는 구체적인 방안을 마련했다. 이를 위해 운영 위원을 선출하고 지방에 지부를 두었다. 그 결과 1923년 말까지 전국 100여 개 지부가 조직되었다. 조선 민립 대학 기성회는 "한민족 1천만이 한 사람이 1원씩"이라는 구호를 내걸고 기금 모금에 나섰다. 일제의 식민 지배 속에서 교육의 중요성을 깨달은 민중이 모금 운동에 적극 참여한 데다 《동아일보》가 민립 대학 설립 운동을 의미 있는 문화 운동으로 홍보하면서 많은 사람의 관심이 집중되었다.

민립 대학 설립 운동을 관망하던 일본은 사람들의 열기가 생각보다 높자, 관련 인사를 탄압하고 모금 운동을 방해하며 중단시키려 했다. 일본은 민족의 대학이 세워져 우리 민족이 교육적으로, 문화적으로 성장하는 것을 원치 않았다.

일본은 자신들이 직접 대학을 설립하는 방안을 수립했다. 일본이 대학을 설립할 테니 한국인이 대학 설립에 나설 필요가 없다는 것을 알리는 동시에 친일 지식인을 양성하기 위해서였다. 일본은 1922년 2월 조선 교육령을 공포하고 대학 설립 방침을 세

왔다. 이어 1923년 11월에는 대학 창설 준비 위원회를 조직하더니 1924년 5월 경성 제국 대학 관제를 공포했다. 그리고 그 법령에 따라 예과(대학 입학 전 거치는 예비 과정)를 개설하고 1926년에는 법문학부와 의학부를 열어 학생을 모집했다. 이렇게 탄생한 대학이 경성 제국 대학으로 오늘날 서울 대학교가 되었다.

일본의 방해에도 불구하고 민립 대학 설립 운동은 계속되었지만, 역시 자금 부족으로 대학을 여는 데에는 실패했다. 모금 운동은 총독부의 탄압과 방해로 원활히 진행되지 못했고 설상가상 가뭄, 수해 등 갑자기 자연재해마저 닥쳤기 때문이다.

그럼에도 민립 대학 설립 운동은 교육 분야에 큰 영향을 주었다. 교육 특히 고등 교육의 중요성이 부각되면서 교육 운동이 곧 민족 운동이라는 생각에 눈을 뜨게 되었다. 이에 기존의 전문학교를 종합 대학으로 설립하려는 운동이 벌어졌다. 이화 학당을 기독교 여자 대학으로 승격하려 했고 연희 전문학교, 세브란스 의학교, 협성 신학교가 연합하여 종합 대학 설립 운동을 전개했다.

1940년에는 보성 전문학교의 대학 승격도 추진했다. 그러나 모두 일본의 방해로 실패하고 말았다. 결국 1945년 광복을 맞을 때까지 우리나라에 대학은 경성 제국 대학뿐이었다(우리 민족의 종합 대학 설립은 광복 이후 이루어졌다. 이화 학당은 이화 여자 대학교가, 연희 전문학교와 세브란스 의학교는 합쳐져 연세 대학교가, 보성 전문학교는 고려 대학교가 되었다).

문맹 퇴치 운동

실력 양성 운동을 전개하는 민족 운동가들은 강연회를 열고 신문이나 서적을 보급하면서 국제 사회의 흐름과 변화된 세상을 민중에게 알리려 했지만 한계가 있었다. 가장 큰 문제는 글자를 모르는 문맹자가 너무 많다는 점이었다. 글을 읽지 못하니 신문 기사나 책의 내용이 아무리 좋아도 전혀 도움이 되지 못했다. 이에 무엇보다 문맹을 퇴치하는 것이 중요하다는 데 의견이 모였다. 1920년대 후반 언론 기관이 중심이 되어 문맹 퇴치 운동이 전개되었다.

《조선일보》는 "아는 것이 힘, 배워야 산다"라는 구호를 내걸고 방학을 맞아 고향으로 돌아가는 학생들과 함께 지방의 문맹인들을 위한 문자 보급 운동을 전개했다. 또한 1929년부터 6년간 《한글 원본》이라는 한글 교재를 발간하고 농촌에 보급하여 한글을 배울 수 있도록 지원했다. 이 활동은 문맹 퇴치에 큰 효과를 보았다.

《동아일보》는 1931년부터 브나로드 운동을 전개했다. 브나로드는 '민중 속으로'라는 뜻의 러시아 말로 지방의 마을마다 야학을 만들어 계몽 활동을 펼쳐 나갔다. 대학생을 모집하여 야학 선생님으로 보내 한글 강습, 미신 타파, 오래된 악습 제거, 근검절약 등을 가르치도록 했다. 브나로드 운동은 단순한 문맹 퇴치를 넘어 우리 민족의 자긍심을 심어 주는 데에도 기여했다. 일본은 브나로드 운동을 경계하여 1935년 강제로 중단시켰다.

이상의 실력 양성 운동은 우리 사회의 근대화를 앞당기고 민족의 실력을 키우는 데 기여했다는 점에서 의의가 크다. 하지만 분명 한계도 있었다. 실력 양성 운동은 주로 1920년대에 일본이 정해 놓은 합법적 공간에서 이루어진 까닭에 일본의 탄압에 쉽게 무너졌다.

또한 실력 양성 운동을 주장하는 민족 운동가들은 일단 실력을 키워야 독립할 수 있다며 '선 실력 양성, 후 독립'을 내세웠다. 그러나 실력 양성은 짧은 기간에 쉽게 이루어지는 것이 아니었다. 본디 목적은 독립을 위해 실력을 기르는 것이었으나 어느 순간부터 독립은 잊힌 채 실력 양성만 외치게 되었다. 실력 양성 운동은 민족의 독립을 위한 하나의 방편이었음에도 정작 독립운동에는 큰 도움이 되지 못한 활동이 되고 말았다.

사회주의자가
등장하며 독립운동은
어떻게 달라졌을까?

1910년대 우리 민족은 제대로 된 독립운동 한번 해 보지 못한 채 일제의 식민 지배에 속수무책으로 당하기만 했다. 하지만 1920년대는 달랐다. 3·1 운동을 기점으로 사기가 오른 독립군은 국외에서 일본군과 맞서 싸워 나갔다. 국내에서는 일제의 통치 방식이 문화 통치로 바뀌어 다양한 독립운동을 전개할 수 있는 여건이 형성되었다. 그런데 이때 새로운 변수가 생기면서 또 다른 위기가 찾아왔다.

독립운동 세력의 분열

3·1 운동을 계기로 독립에 대한 의지와 열망을 스스로 확인한 우리 민족은 다양한 방법을 모색하며 독립운동을 전개했다. 때마침 문화 통치의 실시로 활동 영역이 확대되자 독립운동은 활발해지는 듯했다. 이때 위기가 찾아왔다. 하나로 뭉쳐 있던 독립운동 세력에 변화가 생긴 것이다.

1920년대가 되면서 독립운동 세력 내부에 생긴 가장 큰 변화는 사회주의의 등장이다. 1917년 러시아는 사회주의 국가가 되고 1922년에는 사회주의 국가의 연합체인 소련이 등장했다. 그리고 소련은 약소민족의 독립운동을 지원하겠다고 선언했다. 당시 서양 열강 대부분은 우리나라의 목소리에 귀를 기울이지 않았다. 미국 내에 한인 조직을 만들고 정치권에 로비하며 우리의 독립 의지를 호소했으나, 미국은 1943년까지 단 한 번도 우리나라의 독립을 지지하지 않았다. 유럽 국가들 또한 마찬가지였다. 한국이라는 나라 자체를 모르는 유럽인들에게 한국의 독립이라는 말은 판타지 소설 속 이야기나 다름없었다.

국제적 상황이 이렇다 보니 우리 민족의 독립운동은 계란으로 바위 치기처럼 느껴졌다. 심지어 영원히 독립하지 못할 것이라고 생각하는 사람들까지 생겨났다. 이런 마당에 독립운동을 하는 사람들에게 소련의 지지 선언은 한 줄기 빛처럼 느껴졌다. 그리고 실제 소련이 자금을 지원해 주자 우리의 독립을 도와줄 수 있는 유일한 나라는 소련뿐이라고 생각하는 사람들까지 생겨났다. 그리고 그들은 소련에 동조하며 사회주의자가 되었다.

여기에 또 다른 세력이 등장한다. 일본에 저항하는 독립운동을 벌이는 대신 일본이 만들어 놓은 합법적 공간을 활용하여 우리 민족의 편익을 높이는 방안을 만들어 내자고 주장하는 사람들이다. 이들은 주로 민족주의에서 갈라져 나와 일본과의 타협을 주장했기에 타협적 민족주의자라고 불렀다. 타협적 민족주의자들과 달리 이전의 독립운동을 계속 이어 가려는 사람들은 비타협적 민족주의자라고 했다.

독립운동 세력은 이와 같이 비타협적 민족주의, 타협적 민족주의, 사회주의의 세 부류로 분열되었다. 그리고 타협적 민족주의자들은 이후 친일파로 변질되었다.

학생들이 주도한 6·10 만세 운동

1926년 4월 26일 대한 제국의 마지막 황제 순종이 승하하자, 그간 참아 온 반일 감정이 다시금 되살아났다. 그리고 고종의 장례식에 맞추어 3·1 운동을 펼친 것처럼 순종의 장례식에도 범민족적 독립운동을 전개해야 한다고 생각하는 사람들이 있었다. 이에 3·1 운동과 비슷한 만세 시위가 준비되고 실행되었는데, 그것이 바로 6·10 만세 운동이다.

6·10 만세 운동은 민족주의자 가운데 천도교를 중심으로 한 종교계와 학생 그리고 사회주의자 들이 함께 준비했다. 시위 날짜를 1926년 6월 10일로 정하고 3·1 운동처럼 만세를 부르며 가두시위를 벌이기로 했다. 그런데 전단지 인쇄 과정에서 일본에 발각되어 6·10 만세 운동의 총책임자 권오설을 비롯한 많은 사람이 연행되고 말았다. 특히 사회주의자들이 대거 연행되고 종교계 인사 상당수가 체포되면서 6·10 만세 운동은 무산되는 것 같았다.

그러나 시위를 준비하던 학생 준비 위원들은 6·10 만세 운동을 예정대로 진행하기로 했다. 이에 학생들이 중심이 된 만세 운동이 예정된 날에 서울에서 시작되어 전국으로 번져 나갔다. 이 시위에 참여했다는 이유만으로 전국에서 약 5천 명이 연행될 정도로 만세 운동은 확산되었다. 비록 3·1 운동에는 못 미치는 시위였지만 6·10 만세 운동에는 몇 가지 의의가 있다.

첫 번째는 학생들이 독립운동의 주도 세력으로 등장한 점이다. 이때까지 독립운동은 일제 강점기 이전부터 활동한 독립운동가들, 즉 사회 지도층이 주도했다. 하지만 6·10 만세 운동은 사전에 책임자들이 모두 연행되면서 학생들이 이끌게 되었다. 학생끼리 진행했음에도 성공리에 마치게 되자, 학생들은 자신감을 얻어

6·10 만세 운동의 계기가 된 순종의 장례 행렬. 순종은 조선의 제27대 왕이자 대한 제국의 제2대 황제다. 일제는 3·1 운동과 같은 사태를 반복하지 않기 위해 순종의 장례를 앞두고 독립운동가들을 감시했는데 그 허점을 노리고 학생들이 주도적으로 준비했다(그림 12).

이후 독립운동의 새로운 주도 계층으로 성장했다.

두 번째는 비타협적 민족주의 세력과 사회주의 세력 간의 협력을 끌어낸 점이다. 민족주의 세력과 사회주의 세력은 독립이라는 목표는 같으나 방법에서 차이가 커서 함께 활동하지 못했다. 하지만 6·10 만세 운동을 준비하면서 두 세력은 협력이 가능함을 스스로 입증했다. 게다가 사회주의 세력이 대거 연행되자 비타협적 민족주의 세력과 사회주의 세력 간의 협력은 급물살을 탔다.

사실 1920년대에 좀 더 활발하게 활동한 세력은 사회주의 쪽이다. 사회주의 세력이 젊고 의욕적으로 움직인 반면, 민족주의 세력은 타협적 민족주의와 비타협적 민족주의로 분열되면서 적극적으로 활동하지 못했다.

그런데 6·10 만세 운동 결과 사회주의 사람들이 연행되자 위축된 사회주의 세력은 자신들만의 힘으로 독립운동을 벌이기가 어려워졌다. 게다가 일본이 사회주의를 집중적으로 견제했기에 독자적으로 움직이는 것은 굉장히 위험한 일이었다. 결국 사회주의 세력과 비타협적 민족주의 세력 모두 독립운동을 하기 위해서는 협력해야 할 필요가 생긴 것이다. 이에 두 세력 간에 협동 전선이 형성되었다.

최대 규모의 항일 단체 신간회

1920년대 중반 타협적 민족주의 세력이 생겨났고 사회주의 세력은 일본의 탄압 때문에 독자적으로 활동하기 어려웠다. 1926년 서울에서 조직된 사회주의 단체 정우회는, 사회주의자들은 파벌을 초월해 민족 협동 전선을 형성해야 한다는 의견을 공개적으로 표명했다. 이런 분위기를 타고 국내에서는 민족 유일당 운동이 전개되어 마침내 비타협적 민족주의 세력과 사회주의 세력의 협력하에 신간회가 창립되었다.

1927년 2월 창립된 신간회는 세 가지 활동 강령을 발표했다. 첫

째 정치적·경제적 각성을 촉진함, 둘째 단결을 공고히 함, 셋째 기회주의를 일체 부인함 등이었다. 그리고 회장에 이상재, 부회장에 권동진을 선출했는데 3월에 이상재가 죽자 권동진이 신간회를 지휘하게 되었다. 신간회는 서울에 본부를 두고 서울 지회장에 한용운을 임명했다. 그리고 지회를 늘려 나가 전국에 140여개 지회를 두고 회원 수는 4만을 헤아리는, 일제 강점기 최대 규모의 항일 단체로 성장했다. 또한 여성 단체들도 민족주의 계열과 사회주의 계열이 통합된 근우회를 결성하여 신간회의 자매단체로 활동했다.

신간회의 주요 활동은 식민지 통치 정책 비판, 민중 계몽, 사회 운동 지원 등이었다. 특히 1920년대에는 사회에서 차별받는 계층이 자신들의 권익 향상을 위해 노동 운동, 농민 운동, 여성 운동, 형평 운동(백정들이 벌인 평등 운동) 등을 벌였는데 신간회는 이러한 사회 운동을 적극 지원했다. 지방의 지회들은 신문사 지국과 협력하여 지역 사회 운동을 홍보하고 계몽 활동을 벌였다.

가장 뜻깊은 신간회 활동은 광주 학생 항일 운동이 발생했을 때 일제의 탄압에 항의하고 항일 운동이 전국에 확산되도록 한 것이다. 신간회는 광주 학생 항일 운동의 진상 보고를 위해 민중 대회를 계획했다. 그러나 사전에 발각되는 바람에 민중 대회는 무산되고 신간회 간부들이 대거 체포되었다.

학생의 날로 기념하는 광주 학생 항일 운동

일제의 식민 지배에 크게 반발한 계층 중 하나는 학생이다. 누구보다도 일본의 차별 대우를 피부로 느끼며 생활했기 때문이다. 일제 강점기에는 가족 단위로 우리나라에 정착해 생활하는 일본인이 많았으므로 일본 학생들이 다닐 학교가 필요하여 그들을 위한 학교를 따로 운영했다. 그런데 일본인 학교와 한국인 학교가 가까이 있다 보니 자연스럽게 비교가 되었다.

일제는 두 학교를 서로 다른 방침으로 운영했다. 일본인 학생들은 소학교부터 엘리트 교육을 받고 중학교에서 6년 교육을 받고 나면 일본의 대학으로 진학했는데, 일본 최고 대학인 도쿄대에 합격자가 다수 나올 정도로 교육에 신경을 썼다.

반면 한국인에 대한 교육은 기술 교육 위주로 이루어지고, 나아가 도덕적으로는 순종을 중시하여 소극적인 사회인을 양성하는 데 집중했다. 일제는 한국인의 지적 수준이 높아지면 일본의 통치를 평가하는 능력이 생길 것이고 그렇게 되면 일제의 통치에 반발하게 될 것을 우려했다. 따라서 한국인 교육은 식민 지배에 순종적인 신민 양성을 목표로 했다. 이러한 차별 교육은 학교에 다니는 학생들이 가장 깊이 느끼고 있었으므로 불만은 점점 커졌고, 일본 학생들은 은연중에 한국 학생을 무시했다.

교육에 불만이 큰 학생들 중 일부는 모임을 만들어 식민지 교육을 비판하고 스스로 각성하기 위한 활동을 펼쳤다. 이 같은 모임 중 하나가 1926년 11월 3일에 만들어진 성진회다. 주로 광주 고등 보통학교와 광주 농업 학교 학생들로 구성된 성진회는 이후 독서회로 계승되었으며, 광주 지역 학생들에게 일본의 식민지 교육 정책의 문제점을 알리는 역할을 했다. 그 덕분에 광주 지역 학생들의 의식은 성장하여 동맹 휴학으로 차별 대우에 항의하는 일이 종종 발생했다.

그러던 중 1929년 10월 30일 일본 학생과 한국 학생이 충돌하는 사건이 벌어졌다. 사건은 광주에서 나주로 가는 통학 열차 안에서 일어났다. 일본인 학생 후쿠다 슈조, 스메요시 가쓰오 등이 광주 여자 고등 보통학교 3학년 박기옥과 이광춘의 댕기 머리를 잡아당기며 희롱했다. 이를 목격한 박기옥의 사촌 동생 박준채가 항의하자 후쿠다는 한국인을 깔보며 무시했고, 화가 난 박준채가 주먹을 날리면서 싸움이 벌어졌다. 이 싸움은 한국 학생과 일본 학생 간 패싸움으로 번져 경찰이 출동하고 나서야 일단락되었다.

같은 날 하교 열차 안에서 후쿠다가 재차 사과를 요구하는 박준채의 뺨을 때려 또다시 패싸움이 벌어졌다. 열차에 있던 승객들이 싸움을 말리자 박준채를 비롯한 한국 학생들이 물러나면서 사건은 마무리되었다.

1929년 11월 3일 일요일, 이날은 한국 학생과 일본 학생 모두에게 의미 있는 날이었다. 일본 입장에서는 메이지 유신을 기념하는 메이지절이고, 우리나라 입장에서는 음력 10월 3일로 개천절이었다. 또한 광주 학생 항일 운동의 출발점인 성진회의 창립 3주년이 되는 날이었다.

일본은 우리나라 학생들에게도 메이지절 기념식 참석을 강요했다. 기념식 후 신사 참배도 강요받았으나 광주 고등 보통학교 학생들은 거부했다. 오전 열한 시경 신사 참배를 마치고 돌아오는 일본인 학생 16명과 광주 고등 보통학교 학생들이 마주쳤다.

평소 사이가 좋지 않은 이들 사이에 충돌이 발생했다는 소식에 일본 학생 수십 명과 광주 고등 보통학교 학생들, 광주 농업 학교 학생들도 현장으로 향했다. 자칫 큰 싸움으로 이어질 뻔했으나 다행히 사고는 벌어지지 않았다.

하지만 이러한 충돌의 위기는 한국 학생을 무시하는 일본 학생들의 태도에서 비롯된 것이라고 판단한 광주 고등 보통학교 학생들은 진상을 정확히 알리기 위해 가두 시위에 나섰다. 오후 한 시 300명이 가두 시위에 나서 "독립 만세", "식민지 노예 교육 철폐", "일제 타도" 등의 구호를 외쳤다. 시위에는 광주 농업 학교, 광주 사범 학교, 광주 여자 고등 보통학교 학생들이 동참하고 일반 시민들도 합류하면서 그 수가 3만여 명에 이르렀다.

이에 일본은 이번 충돌의 원인을 제공한 학생들을 처벌하고 사건을 마무리 짓겠다고 약속했다. 그리고 한국 학생은 75명을 체포하고 일본 학생은 10여 명만 잡아가는 시늉을 하고는 임시 휴교 조치를 내려 사건을 무마하려 했다. 한국 학교장들에게는 사건이 번지지 않게 철저하게 탄압하라는 지시까지 내렸다.

학생들은 11월 12일 구속당한 학생들을 석방하라며 2차 가두 시위에 나섰다. 일본 당국이 학생들을 학교에 감금하는 초강수를 두었는데도 더 많은 학생이 시위에 참여하고 광주 시민들까지 동참했다. 그러자 일본 경찰은 학생 수백 명을 검거하고 시위에 참여한 학생은 모두 무기정학, 학교는 무기 휴교 처분을 했다. 그리고 이 일과 관련된 기사를 신문에 싣지 못하도록 언론을 탄압했다.

광주에서 이런 일이 벌어지고 있음을 알게 된 목포, 나주, 함평 지역의 학생들은 시위를 벌이며 차별 교육 반대와 공정한 수사 등을 외쳤다. 이윽고 이 사실이 서울까지 알려지자 서울 학생들 또한 궐기에 나섰고, 불길처럼 번져 나가 전국의 학생들이 시위에 참여했다. 서울에서는 경성 제국 대학을 비롯하여 많은 학생이 시위에 참여하고 중동, 보성, 중앙, 휘문, 숙명, 배재, 이화 등의 학교 학생들이 광주 학생들을 응원하며 휴학을 선언했다. 학생들의 시위는 이어져 1930년 3월까지 전국 320여 개교에서 5만 4천여 명의 학생이 시위에 참여하고 1,462명은 퇴학, 3천여 명은 무기정학 처분을 받았다.

광주 학생 항일 운동이 이렇게 전국적인 운동으로 확산된 데에는 신간회의 공이 컸다. 광주에서 학생들의 항일 시위가 벌어졌다는 소식에 신간회에서는 변호사 김병로, 허헌이 서기장 황상규와 함께 광주로 내려가 진상을 조사했다. 그리고 한용운, 조병옥 등이 중심이 되어 민중 운동으로 확산시킬 준비를 했다. 이러한 신간회의 노력으로 광주 학생 항일 운동은 전국으로 퍼져 3·1 운동 이후 최대 규모의 항일 민족 운동으로 기록된다. 오늘날 11월 3일은 학생의 날로 정해 광주 학생 항일 운동을 기념하고 있다.

신간회의 해소

광주 학생 항일 운동의 지원과 확산은 신간회 활동 가운데 가장 의미 있는 활동이다. 평소 신간회에 제재를 가하려고 벼르고 있던 일본은 이 일을 계기로 신간회 간부들을 대대적으로 체포했다. 조병옥, 권동진, 한용운 등 회원 44명을 검거하고 함께 활동하는 근우회 등 자매단체의 관계자 47명도 검거했다. 또한 사상 단체, 청년 단체, 근우회의 간부와 학생 등 167명을 검거하여 조사했다.

이렇게 간부급 인사들이 대거 검거되자 신간회는 위기에 빠졌다. 새로운 간부를 선출했으나, 일제의 감시와 탄압에 활동은 쉽지 않았다. 활동이 부진해짐에 따라 회원 수는 점차 줄어들었다. 새롭게 선출된 집행부는 타협적 민족주의자들과의 연합을 주장했다. 일본이 정해 놓은 합법적 공간에서 활동하려면 일제와의 직접 대결을 피해야 하는데, 그러려면 타협적 민족주의자들의 도움이 필요하다고 주장했다. 그러나 사회주의자들은 이 주장에 반발했다. 타협적 민족주의자들을 받아들이는 것은 신간회 창립 때부터 지켜 온 기회주의 배격 강령과 정면으로 배치된다는 주장이었다.

이에 사회주의자들은 신간회의 해소를 주장했다. 단체가 없어지는 해체가 아닌 다른 형태의 활동으로 성격을 바꾼다는 해소를 주장하며 민족주의와의 결별을 선언했다. 비타협적 민족주의자들은 신간회 해소에 적극 반대했고 전국의 회원들 또한 해소를 두고 논쟁을 이어 갔지만, 1931년 5월 전체 회의에서 신간회의 해소가 결정되었다. 이로써 일제 강점기 중 가장 큰 규모의 항일 단체 신간회는 역사 속으로 사라졌다.

신간회 해소 후 사회주의 세력은 노동조합과 농민 조합을 만들어 노동자와 농민 중심의 항일 투쟁에 집중했다. 민족주의 세력은 문화, 학술 활동을 통해 민중을 계몽하고 실력을 기르고자 조선학 운동에 매진하며 새로운 독립운동의 방향을 모색했다.

우리 민족은
왜 의열 투쟁을
했을까?

독립을 위해 많은 독립운동가가 다양한 활동을 전개했다. 그 중에는 개인 투쟁으로 나라를 되찾으려 분투한 사람들도 있었다. 이들은 친일 인사를 암살하거나 일본의 고위 공직자를 처단하여 우리 민족의 저력을 보여 주고 일본 스스로 물러나게 만드는 것이 목적이었다. 이것을 '의열 투쟁'이라고 한다.

기꺼이 목숨까지 바친 의열단의 활동

3·1 운동을 경험한 독립운동가 중에는 세계 최강의 군대를 거느리고 있는 일본과 정면으로 승부하기보다는 한국인의 애국심

을 자극하는 활동이 더 효과적이라고 생각한 이들이 있다. 그들은 일본과의 전쟁을 통해 나라를 되찾기란 사실상 불가능한 일이라고 판단하여 일본이 식민 통치를 포기하게 만들어야 한다고 주장했다. 고관을 죽이고 건물을 파괴하는 등의 활동으로 일본에는 공포심을 주고 우리 민족에게는 자긍심을 심어 주며 3·1 운동과 같은 민중 운동이 지속적으로 전개될 수 있다면, 일본이 못 버티고 자진해서 물러날 것이라고 생각했다.

이런 목적을 갖고 만주에서 만들어진 단체가 의열단이다. 의열단은 경상남도 밀양 태생이자 신흥 무관 학교 출신 김원봉에 의해 조직되었다. 단원은 신흥 무관 학교 출신과 밀양 3·1 운동에 참여한 인사 열세 명이었다. 이들은 암살 대상으로 조선 총독부 고관과 군 수뇌부·매국노·친일파 거두·밀정 등을, 파괴 대상으로는 조선 총독부·동양 척식 주식회사·《매일신보》사·경찰서 등을 지목했다.

의열단원들은 언제든 의열 활동에 투입될 수 있으므로 평상시 생활부터 관리했다. 매일 수영과 테니스 등 운동을 통해 컨디션을 유지하고 사격 연습을 게을리하지 않았다. 정신을 가다듬기 위해 독서를 하고 우울감을 극복하기 위해 오락도 했다. 늘 세련된 양복 차림에 최신 헤어스타일을 하고 다녔는데, 언제든 조국을 위해 죽을 각오가 되어 있으니 살아 있는 동안만이라도 멋진

삶을 살아 보기 위해서였다.

1923년 1월 역사학자이자 독립운동가 신채호는 김원봉의 부탁을 받고 〈조선 혁명 선언〉을 집필했는데 이는 의열단원들의 활동 지침이 되었다. 〈조선 혁명 선언〉의 마지막 부분에는 의열단원들이 왜 자신의 목숨을 바치면서까지 개인 투쟁 활동을 하는지 그 이유가 쓰여 있다.

> 민중은 우리 혁명의 대본영이다. 폭력은 우리 혁명의 유일한 무기이다. 우리는 민중 속으로 가서 민중과 손을 맞잡아 끊임없는 폭력·암살·파괴·폭동으로써 강도 일제의 통치를 타도하고, 우리 생활에 불합리한 일체의 제도를 개조하여 인류로써 인류를 압박하지 못하며, 사회로써 사회를 박탈하지 못하는 이상적 조선을 건설할지니라.
>
> — 신채호, 〈조선 혁명 선언〉

의열단의 주요 활동을 꼽아 보자면 1920년 9월 박재혁의 부산 경찰서 폭탄 투척, 1921년 9월 김익상의 조선 총독부 폭탄 투척, 1923년 1월 김상옥의 종로 경찰서 폭탄 투척, 1924년 1월 김지섭의 도쿄 궁성 폭탄 투척, 1926년 12월 나석주의 동양 척식 주식회사와 조선 식산 은행 폭탄 투척 등이다.

의열단의 이러한 활동은 일본에는 공포가 되고 우리나라 사람들에게는 힘이 되었다. 외부의 지원도 이어졌다. 1924년경 의열단은 중국 국민당 장제스의 지원으로 70여 명의 단원을 확보했다. 독립운동의 대표 인물인 김구, 김규식, 김창숙, 신채호 등이 실질적인 고문 역할을 하며 활동을 북돋워 주었다.

그러나 정작 의열단 내부에서는 활동에 대한 회의가 고개를 들었다. 활동을 벌인 의열단 인사들은 대부분 붙잡혀 사형에 처해지거나 투옥 중 단식 투쟁을 벌이다가 죽음을 맞았다. 이처럼 의열단의 활동은 단원의 희생이 바탕이 되어야만 가능했고 그 희생에 비해 가시적인 성과는 기대에 미치지 못했다. 의열단 활동이 우리 민족에게 용기를 주기는 하지만 대규모 민중 봉기로 이어지지 못했고, 그러한 민중 봉기가 일어난다고 해도 민중 봉기만으로는 독립을 이루기 힘들다는 회의론이 일었다.

김원봉은 의열단 본부를 광저우로 옮긴 뒤 의열단을 좀 더 전략적이고 군사적인 조직으로 개편하고자 했다. 김원봉을 비롯한 의열단원 열두 명은 황포 군관 학교(항저우에 설립된 군사 학교)에 입교하여 군사 훈련을 받았고, 황포 군관 학교와 중산 대학 출신 한국인들이 의열단에 합류했다. 〈인민 해방군 군가〉를 작곡하여 중국의 3대 음악가로 추앙받는 정율성, 독립운동을 하다 옥사한 저항 시인 이육사도 의열단원으로 활동했다.

그 후 중국 안에서 여러 중국 세력과 연합하여 항일 투쟁을 하던 김원봉은 1932년 10월 중국 국민당의 도움으로 난징에 조선혁명 군사 정치 간부 학교를 열고 독립에 앞장설 간부 양성에 주력했다. 1933년 6월에는 국내에 혁명 거점을 마련하고자 간부 학교 졸업생 이육사, 노석성 등을 국내로 파견했지만 전원 체포되며 계획은 무산되었다.

이후 독립운동 세력 내에서는 민족 유일당을 결성하자는 움직임이 일어 마침내 1935년 7월 5일 민족주의 단체가 총망라된 조선 민족 혁명당이 출범했다. 이때 김원봉의 의열단도 조선 민족 혁명당에 합류함으로써 공식적으로 해체되었다.

일왕 처단을 시도한 이봉창

1923년 국민 대표 회의 이후 대한민국 임시 정부의 활동은 크게 위축되었다. 침체된 임시 정부를 활성화하는 동시에 우리의 항일 의지를 보여 줄 목적으로 김구는 한인 애국단을 조직했다. 한인 애국단의 목적은 개인의 의열 투쟁을 통해 독립 의지를 알리고 일본에 타격을 가하는 것이었다. 한인 애국단의 간부는 단장 김구를 비롯해 이유필, 이수봉, 김석, 안공근 등이고 단원은 이봉창, 윤봉길, 이덕주, 유진만, 최흥식, 유상근 등이었다.

이들 중 처음으로 한인 애국단에 활력을 불어넣은 사람은 이봉창이다. 원래 이봉창은 성실히 일하며 평범하기 살기를 원하여 독립운동에 전혀 관심이 없었다. 아무리 열심히 일해도 우리나라 사람에 대한 차별 때문에 생활이 나아지지 않음에 불만을 품은 이봉창은 일본에 가면 차별이 없다는 이야기를 듣고 일본으로 건너갔다. 그러나 일본에서도 차별은 여전했고 친구와 함께 일왕 즉위식을 구경 갔다가 아무 이유 없이 11일간 유치장에 갇히는 일까지 겪었다. 이 일을 계기로 독립운동을 해야겠다고 결심한 이봉창은 상하이로 건너가 김구가 한인 애국단을 조직한다는 소식을 듣고 최초의 단원이 되었다.

이봉창은 일왕을 죽이는 것을 목표로 폭탄 두 개만 들고 다시 일본으로 가 의거를 계획했다. 동선을 짜고 철저하게 계획하여 1932년 1월 일왕이 타고 가는 마차를 향해 폭탄을 투척했다. 하지만 일왕을 처단하는 데 실패하고 그 자리에서 붙잡혔다. 재판 내내 이봉창은 자신의 의거가 정당함을 당당하게 밝혔다. 결국 사형을 선고받고 1932년 10월 10일 세상을 떠났다.

이봉창의 의거를 조사한 일본은 배후에 김구가 있다는 사실을 알게 되었다. 이에 일본은 주변국에 김구 체포에 협조해 달라고 요청했지만, 김구가 체포되기는커녕 오히려 김구와 임시 정부 요원이 일왕 처단을 시도했다는 소식만 퍼졌다.

이때 중국은 만주 사변을 일으키며 만주로 진출한 일본과 갈

등 관계에 있었다. 이런 상황에서 이봉창의 의거가 발생하자, 중국 언론들은 일본을 공격하는 마음을 담아 이 사건을 대서특필했다. 이 기사로 중국인의 반일 감정은 깊어져 상하이에서는 일본인과 중국인이 충돌하는 사건으로 번졌다. 일본이 자국민을 보호한다는 명분을 앞세워 상하이에 군대를 보내자, 상하이에서 두 나라 군인은 충돌했다. 중국은 30만 대군을 상하이에 파견하여 일본에 맞섰으나, 전쟁은 일본의 승리로 귀결되어 일본이 상하이를 점령했다. 일본은 상하이 홍커우 공원에서 일왕의 생일과 상하이 사변 승리 축하 행사를 열었다. 그런데 이곳에서 누구도 예상하지 못한 일이 벌어진다.

전 세계에 충격을 준 윤봉길의 의거

1908년 충남 예산에서 태어난 윤봉길은 열두 살 되던 1919년 3·1 운동이 일어나자 일본이 운영하는 학교에서 식민지 노예 교육을 받을 필요가 없다고 생각하고는 보통학교를 자퇴했다. 이후 성삼문의 후손인 유학자 성주록에게 중국 고전과 한학을 배운 윤봉길은 열아홉 살 때 성주록으로부터 더 이상 가르칠 것이 없다는 이야기를 듣고 고향에서 농민 운동을 시작했다.

농민들이 잘살기 위해서는 글을 익히는 것이 중요하다고 생각한 윤봉길은 야학을 통해 문맹 퇴치 운동을 전개하고 야학 교재

《농민 독본》을 저술했다. 1929년에는 농민 운동 단체 월진회를 조직하고 회장에 추대되어 농민의 자활을 돕는 활동을 전개했다. 그러나 농민 운동의 목표를 달성하려면 우선 일제로부터 해방되어야 한다는 사실을 인식한 그는 독립운동에 투신하기로 결심했다.

1930년 스물세 살에, 뜻을 이루기 전에는 집에 돌아오지 않겠다는 글을 남겨 두고는 중국 망명 길에 올랐다. 임시 정부가 있는 상하이로 향한 윤봉길은 마침 한인 애국단을 조직한다는 이야기를 듣고 김구를 찾아가 단원이 되었다. 그리고 일본군이 상하이 홍커우 공원에서 일왕 생일 축하 겸 전승 축하 행사를 한다는 소식을 듣고는 일본의 고관들이 많이 모이는 행사니만큼 절호의 기회라고 여겨 의거를 결심했다.

홍커우 공원 행사에 상하이 거류 일본인은 입장이 가능하지만 입장권, 일장기, 도시락, 물통만 휴대할 수 있다는 공고가 내려왔다. 윤봉길은 도시락과 물통 모양 폭탄을 갖고 입장하기로 했다. 중국인 기술자 왕백수의 지도로 특별히 제작된 도시락 폭탄과 어깨끈이 달린 물통 모양의 폭탄 사용법을 익혔다. 그리고 거사일인 4월 29일 아침 일찍 홍커우 공원으로 향했다. 입장권을 요구하는 중국인 수위에게 윤봉길은 "나는 일본인이다. 일본인에게 입장권이 왜 필요한가?"라고 일축하고는 바로 입장했다. 양복 차

윤봉길이 던진 폭탄이 터진 순간 일본 기자가 찍은 상하이 훙커우 공원 의거. 이 의거로 원만하지 않던 중국과의 관계가 회복되어 중국 안에서 독립운동을 할 여건이 좋아졌고 장제스는 임시 정부를 지원하기도 했다. 윤봉길은 1932년 12월 일본 오사카에서 총살되었다(그림 13).

림에 물통을 메고 보자기에 싼 도시락을 들고 있었기에 영락없이 일본인으로 보였다.

　입장에 성공한 윤봉길은 일본 거류민 좌석에 앉아 의거를 실행할 방법을 고민했다. 일본 군인과 고관들이 앉아 있는 좌석 주변은 삼중으로 삼엄한 경계가 있어 폭탄을 두 개 모두 투척하는 것은 무리라고 판단한 윤봉길은 물통 모양 폭탄만 던지기로 결심했다. 마침내 고관들이 앉은 자리 근처까지 앞으로 달려가 폭탄을 던졌다. 폭탄은 정확히 단상 중앙에서 터졌다. 단상에 있는 일본인 고관 일곱 명이 쓰러지며 아수라장이 되었다.

홍커우 공원 의거로 일본군 총사령관 시라카와는 중상을 입고 사망, 우에다 중장은 오른쪽 발가락 절단, 일본 해군 제3함대 사령관 노무라 중장은 오른쪽 눈 실명, 주중국 공사 시게미쓰는 오른쪽 다리 절단, 상하이 거류민 단장 가와바타는 즉사, 상하이 총영사 무라이와 거류민단 서기장 도모노는 중상을 입었다. 상하이 의거는 대서특필되고 전 세계인을 충격에 빠뜨렸다. 처음에는 반일 감정을 품은 중국인이 일으킨 일이라 생각했으나 한국 청년 윤봉길이 일으킨 항일 운동이라는 사실을 알고 더욱 놀랐다.

상하이 의거 직후 윤봉길은 군중에게 심하게 구타를 당한 채 체포되었다. 윤봉길은 여러 차례 취조를 받으면서도 자신의 의거가 장차 독립운동에 도움이 될 것을 확신한다고 했다. 또한 일본이 강국일지라도 세계 대전이 일어난다면 피폐해질 것이며 세계 대전 후 한국은 반드시 독립할 것이라는 주장을 폈다. 윤봉길은 사형을 선고받고 1932년 12월 19일 총살당했다. 겨우 스물다섯 살 한창 나이였다.

윤봉길 의거가 몰고 온 영향

윤봉길의 의거는 전 세계 사람들에게 충격을 안겨 주었고 특히 중국인들은 경악을 금치 못했다. 그도 그럴 것이 중국은 일본군의 상하이 점령을 저지하기 위해 30만 대군을 파견하고도 한 달 만에 대패하고 말았다. 그리고 전쟁의 주역들이 모이는 홍커우 공원 행사를 지켜볼 수밖에 없었다. 중국 땅에서 일본군이 자신들을 이겨서 여는 기념행사를 그저 바라볼 수밖에 없는 중국인의 마음은 타들어 갔지만 할 수 있는 게 없었다. 그런데 혈혈단신으로 일본 고관을 처단한 윤봉길의 행동에 중국인들은 환호했다.

윤봉길의 의거를 두고 중국 국민당의 장제스는 "중국의 100만 대군도 해내지 못한 일을 한국 용사가 단행했다"라며 높이 평가했다. 이런 감정은 장제스 혼자만의 것이 아니었다. 윤봉길의 의거에 후련함을 느낀 중국인들은 한국인을 다시 보기에 이르렀다. 중국인들은 우리나라 사람들이 중국 영토 안에서 독립운동을 하는 것을 허용했고, 그뿐만 아니라 중국과 한국이 연대하여 일본에 대항하는 연합 전선이 형성되었다.

윤봉길의 의거는 임시 정부의 활동에도 활력소가 되었다. 국민 대표 회의 이후 10년 가까운 세월 동안 특별한 활동 없이 명맥만 유지한 임시 정부가 다시금 활동을 재개할 힘을 얻은 것이다. 또한 중국 정부가 임시 정부의 활동을 공식적으로 인정하고 지원해 주면서 임시 정부의 항일 투쟁은 활기를 띠었다.

반면 일본은 이루 말할 수 없는 충격에 빠졌다. 상하이를 점령한 수뇌부의 섬멸은 일본을 당황시키기에 충분했다. 게다가 상하이 점령에 관해 국제 여론까지 나빠지자, 일본은 상하이를 계속 차지하고 있는 데 부담을 느끼게 되었다. 이에 1932년 5월 5일 중국과 급하게 정전 협정을 맺고 상하이 사변을 마무리 지었다.

이처럼 윤봉길 의거는 우리나라의 독립운동은 물론 동아시아 지역에도 큰 파장을 몰고 왔다. 특히 1931년 일어난 만주 사변으로 독립군은 만주를 떠날 수밖에 없었으나, 1932년 윤봉길 의거 덕분에 한국인에 대한 이미지가 좋아져 중국 본토 안에서 활동할 수 있게 되었다. 이후 중국 국민당 정부는 군관 학교에 특별반을 설치하여 한국군 간부 양성을 도와주었다. 또한 1940년대 임시 정부가 한국 광복군을 조직할 때에도 국민당 정부가 도와주었는데, 이 모든 것이 윤봉길의 의거에서 시작되었다고 할 만큼 윤봉길의 활동은 의미 깊은 것이다.

그때 세계는

대공황의 발생과 제2차 세계 대전

1929년 10월 24일 미국 뉴욕 증권 거래소의 주식 가격이 폭락하며 대공황이 찾아왔다. 그리고 전 세계 경제는 위기를 맞았다. 대공황이란 대체 무엇일까?

18세기 산업 혁명이 시작되면서 세계의 경제 구조는 자본주의로 전환했다. 자본주의 경제 체제에서는 자유로운 상거래가 가능하기에 누구나 물건을 만들어 사고 팔 수 있다. 물건을 판매하는 공급과 물건을 사는 소비(수요)가 맞물려 돌아가는 것이 자본주의이고, 보통 이 거래는 시장에서 화폐를 통해 이루어진다. 그런데 공급과 소비의 균형이 맞지 않으면 어떻게 될까? 소비보다 공급이 많으면 물건 값이 내려가고 공급보다 소비가 많으면 물건 값이 오른다.

그러나 걱정할 필요는 없다. 물건 값이 오르고 내리고를 반복하며 공급과 소비는 균형을 이루게 되고 합리적인 선에서 가격이 결정된다는 것이 자본주의의 신념이다. 애덤 스미스는 이를 '보이지 않는 손'이라고 표현했다. 자본주의를 신봉한 경제학자들은 대부분 그렇게 믿었다. 즉 일시적으로 경제 위기가 올 수는 있지만 시장의 기능에 의해 가격은 다시 합리적인 선에서 결정될 것이므로 누구나 자유롭게 경제 활동을 하도록 내버려 두면 된다고 생각했다. 그런데 대공황이 찾아오면서 이 신념은 깨지고 말았다. 자유로운 경제 활동은 공급과 소비의 불균형을 가져왔고, 이 불균형이 심화되자 시장은 기능을 회복하지 못했다. 국가 경제, 나아가 세계 경제는 위기에 놓였다. 왜 이런 일이 생긴 것일까?

1920년대 미국 경제는 최고의 호황을 누렸다. 1918년 제1차 세계 대전이 끝났을 때 유럽은 전쟁으로 산업 시설이 파괴되고 토지가 황폐해져 위기를 맞았지만 미국은 전쟁 피해가 전혀 없었다. 미국은 유럽에 재건을 위한 자금을 빌려주고 거기에서 발생하는 이자로 풍요로움을 맛볼 수 있었다. 미국인들은 이 호황이 영원할 줄 알았다. 기업들은 돈을 벌기 위해 생산량을 늘렸다. 물건이 모두 팔릴 것이라고 생각해 생산 설비에도 투자했다.

하지만 물건들은 팔리지 않았다. 투자는 했는데 상품이 팔리지 않자, 기업의 이윤은 곤두박질쳤다. 기업의 이윤이 줄어든다는 소식에 주식을 가진 사람들은 주식 값이 떨어질까 두려워 앞다투어 주식을 내다 팔았다. 이에 갑자기 주가가 10분의 1 이상 폭락하기 시작한 것이 1929년 10월 24일 '검은 목요일'이다. 이때부터 주가는 바닥을 모르고 계속 떨어져 이윽고 미국 경제는 휘청였다.

이것이 끝이 아니었다. 물건이 팔리지 않자 기업들은 손실을 막기 위해 노동자들을 해고했다. 해고된 노동자들이 돈을 갚지 못하자 이번에는 돈을 빌려준 은행이 망했다. 은행이 망하자 은행에서 일하던 사람들이 실업자가 되었다. 실업자가 늘어나고 돈이 부족해지자, 사람들은 더 이상 물건을 사지 않았다. 물건이 쌓여 있지만 물건을 사는 사람이 없으니 기업도 도산했다. 이에 실업자는 더욱더 늘어났다. 이런 악순환이 반복되어 미국 경제는 그대로 멈추어 버렸다. 대공황에 빠져든 것이다.

설상가상으로 미국의 대공황이 전 세계로 확산되었다. 여러 나라에 많은 돈을 빌려준 미국이 대공황으로 허덕이자 그 여파로 영국과 프랑스 등 유럽의 선진 자본주의 국가뿐만 아니라 독일, 이탈리아 등 후발 주자들 그리고 아시아의 일본까지 경제적 어려움에 직면하게 되었다.

대공황을 극복하기 위해서는 실업자를 구제하고 기업에 쌓여 있는 물건을 판매하여 다시 경제가 돌아가게 해야 했다. 이에 미국은 '뉴딜 정책'을 펼쳤다. 시장에 맡겨 두던 경제 활동에 국가가 개입하는 것이 뉴딜 정책의 핵심이다. 정부가 직접 일자리도 만들고 임금도 보장하고 기업과 금융 산업을 규제하는 등 계획을 세워 경제에 개입했다. 이는 국가의 계획하에 경제를 완전히 통제하는 사회주의 시스템을 일부 도입한 것이다. 이 같은 경제 구조를 '수정 자본주의' 혹은 '혼합 자본주의'라고 부른다.

　국가가 경제에 개입함으로써 미국은 서서히 대공황에서 벗어날 수 있었다. 그리고 뒤이어 영국과 프랑스도 자국과 식민지를 연결하는 경제 블록을 형성하여 경제 시스템에 수정을 가했고 경제가 살아나면서 위기에서 탈출했다. 그러나 미국, 영국, 프랑스가 이용한 이 방식은 다른 나라와의 무역을 차단하고 자국 내에서만 경제 활동을 펼칠 때 가능한 것이었다. 즉 땅이 넓고 인구가 많아야 대공황 극복이 가능했던 것이다.

　문제는 자국 내에서 경제 활성화가 불가능한 나라들이었다. 이 나라들은 다른 나라와 무역을 하여 남아도는 물건을 소비해야 하는데 대공황으로 모든 나라가 수입을 금지하고 있으니 위기에 빠진 경제를 되살릴 도리가 없었다. 대표적인 나라가 독일, 이탈리아, 일본이었다. 이 세 나라는 무역을 통해 경제 위기를 타개할 수 없게 되자 더 큰 위기에 빠졌다. 이에 그들이 택한 방법은 땅을 넓히는 것이었고, 땅을 넓히는 유일한 길은 전쟁이었다. 결국 독일, 이탈리아, 일본은 전쟁을 일으켰고 그것이 바로 제2차 세계 대전이다.

일제는
왜 우리 민족을
말살하려 했을까?

대공황으로 경제적 어려움에 빠진 일본에서는 침략 전쟁을 벌여서라도 시장을 확대해야 한다는 목소리에 힘이 실렸다. 그리하여 1931년 만주 사변을 일으키고 1930년대 중반에는 군부 세력이 일왕을 앞세워 권력을 장악하면서 전쟁 준비에 돌입했다. 그리고 우리나라 사람들은 강제로 전쟁에 동원되어야 했다.

전시 체제로의 전환

1931년 만주 사변 이후 일본은 본격적으로 전쟁에 나섰다. 1937년 중일 전쟁, 1939년 제2차 세계 대전, 1941년 태평양 전쟁까지 일본은 모두 선제공격으로 전쟁을 일으켰다. 전쟁에 나선 일본은 우리나라를 전쟁을 위한 병참 기지로 만들고자 했다. 따라서 북부 지방을 중심으로 군수 산업을 발전시키는 조선 공업화 정책을 실시했다. 일본의 대기업들은 우리나라에 진출하여 지하자원이 풍부한 북부 지방에 발전소를 세웠다. 그리고 군수 산업과 관련된 화학·금속·기계 공업에 투자했다.

이 과정에서 우리나라의 지하자원은 일본에 수탈당했다. 그뿐만 아니라 일본 기업들은 우리나라 사람들을 강제로 끌고 가서 일을 시키고는 임금은커녕 먹을 것조차 제대로 주지 않았다. 우리나라는 일본의 침략 전쟁을 위한 인적·물적 수탈 대상이 된 것이다. 또한 군수 물자를 비롯한 중화학 공업 중심으로 우리나라의 산업 구조가 개편되자, 정작 생활에 필요한 생필품 생산은 줄어들어 사람들은 또 다른 생활의 어려움에 시달렸다.

1937년 중일 전쟁이 시작되고 일본은 국가 총동원법을 제정하여 수탈을 강화했다. 무엇보다 전투에 투입될 군인이 필요한 일본은 우리나라 청년들을 전쟁터로 끌고 갈 다양한 방법을 궁리해 냈다. 지원병제를 실시하여 침략 전쟁에 동원하고 학도 지원병제로 학생들을 전쟁터로 끌고 갔다. 1944년에는 징병제를 실시하여 강제로 청년들을 전쟁에 투입시켰다.

노동력의 강제 동원도 이루어졌다. 군인으로 끌고 가기 어려운 연령대의 사람들을 대상으로 국민 징용제를 실시하여 광산, 비행장, 공장 등에서 강제 노동을 시켰다. 여자라고 예외는 아니었다. 여성 정신 근로령을 만들어 군수 공장에서 일하게 했다. 그리고 10대를 비롯한 젊은 여성은 위안부라는 이름의 성노예로 만들었다.

물적 수탈 또한 강화되었다. 전쟁을 위한 세금을 걷거나 국방 헌금을 강제했다. 무기 제작에 필요한 금속이 부족해지자 공출 제도를 실시하여 온갖 금속 제품을 빼앗아 갔다. 집 안에 있는 솥, 놋그릇, 놋대야, 수저, 농기구는 물론이거니와 쇠로 만든 것이라면 문고리와 교회나 사찰의 종에 이르기까지 무기를 만들기 위해 모조리 강탈해 갔다. 군량 마련을 위해 쌀을 수탈하는 바람에 먹을 것이 없어지자 식량 배급제를 실시하여 쌀, 잡곡, 밀가루, 설탕, 소금, 우유 등을 겨우 배고픔을 면할 정도만 주었다.

민족 말살 정책

전쟁을 시작하면서 일본은 우리 민족과 일본인은 본디 같은 민족이라는 내선일체를 주장했다. 우리 민족을 2등 국민 취급하며 일본인은 우월하고 한국인은 열등하다고 강조하던 것과는 완전히 다른 태도를 보였다. 한국인이 전쟁을 자기 나라 전쟁으로 인식해야 전쟁에 동원할 수 있으므로 일본은 한국인을 일본인으로 만드는 정책을 전개했다.

우선 일상생활에서 한국인이 스스로 일본인처럼 느끼게 만들기 위한 방법으로 황국 신민화 정책을 실시했다. '황국'이란 일본을 의미하는 것이고 '신민'이란 신하와 백성을 뜻하는 말이다. 다시 말해 황국 신민화란 우리나라 사람들을 일왕이 통치하는 일본의 신민으로 만들기 위한 정책이다.

일제는 우선 학생은 물론 일반인까지 황국 신민 서사를 암송하도록 강요했다.

> 우리는 대일본 제국의 신민입니다.
> 우리는 마음을 합하여 천황 폐하에게 충의를 다합니다.
> 우리는 인고 단련하여 훌륭하고 강한 국민이 되겠습니다.

이 황국 신민 서사를 끊임없이 외우게 함으로써 일본의 신민이 되어 일왕에게 충성하는 마음을 갖게 하려고 했다. 일본 국왕이 사는 도쿄의 궁성을 향해 허리 굽혀 절하는 궁성요배도 강제로 시켰다. 일본의 신과 조상을 모시는 신사를 우리나라 전 지역에 짓고 참배하도록 했다.

학교 교육 과정에서 조선어 과목은 사실상 폐지하고 일본어를 '국어'라는 이름으로 가르쳤는데 총 수업 시수 중 절반 가까이가 창씨개명에 관한 명령이 실린 1939년 11월 10일자 《조선 총독부 관보》. 창씨개명을 거부한 사람은 불량한 조선인이라는 뜻의 '불령선인'이라고 불리며 온갖 불이익을 당해야 했다. 윤동주도 유학을 가기 위해 어쩔 수 없이 창씨개명을 해야 했다(그림 14).

일본어 수업으로 채워졌다. 소학교의 명칭도 황국 신민 학교를 의미하는 국민학교로 바꾸었다. 학교를 비롯한 공적인 자리에서 우리말 사용은 전면 금지되었다. 또한 창씨개명을 실시하여 이름을 일본식으로 바꾸게 했다. '창씨'는 성씨를, '개명'은 이름을 일본식으로 바꾸는 것으로, 개명은 하지 않더라도 창씨를 하도록 강요했다. 우리나라의 성씨를 없애 민족정신을 말살하려는 조치였다.

이같이 다양한 방법으로 한국인을 일본인화한 이유는 오직 전쟁에 동원하기 위해서였다. 신과 다름없는 일왕의 나라 일본이

전쟁에 참전했으니 일본의 국민이나 다름없는 한국인도 전쟁을
위해 기꺼이 목숨을 바쳐야 한다는 것이 일본의 논리였다. 일본
은 한국인의 일상생활과 의식을 통제하기 위한 작업도 진행했다.

　열 가구 정도의 집을 하나로 묶어 이러한 정책을 실천하도록
하는 애국반을 만들었다. 한 달에 한 번 애국 반상회를 열었는데,
반상회는 궁성요배로 시작해 황국 신민 서사 암송으로 끝났다.
반상회 중에는 총독부의 주요 정책이 전달되고 일제 군국주의를
찬양하는 영화도 감상했다. 식량 배급제가 실시된 후에는 배급표
에 애국반 반장의 도장이 찍혀 있어야 식량을 주었다. 식량 배급

을 받기 위해 애국 반상회에 참여하도록 만들어서 한국인의 생활과 정신을 통제하려 한 것이다.

전시 동원 체제로 고통받은 사람들

일본군 위안부

일본 정부는 중일 전쟁부터 태평양 전쟁까지 전쟁 기간 동안 일본 군인들의 성 욕구를 채워 주기 위한 목적으로 성행위 장소인 군대 위안소를 운영했다. 그리고 식민지와 점령지에 있는 젊은 여성들을 강제로 수송하여 성노예 역할을 강요했다. 강제 동원된 여성들은 위안소에서 반복적으로 성폭행을 당했으며, 이들은 종군 위안부라고 불렸다. 그러나 여성들이 자발적으로 간 것이 아니기 때문에 '성노예' 혹은 '성폭력 피해자'라고 불러야 한다. 우리나라에서는 현재 '일본군 위안부'라고 부르고 있다.

일본군 위안부로 끌려간 한국 여성은 20만 명 정도로 추정되는데 대부분 사망했고 1992년 우리 정부에 신고한 일본군 위안부 출신 할머니는 234명에 불과하다. 일본군 위안부가 세상에 알려지게 된 계기를 만든 분은 김학순 할머니다. 1941년 겨우 열일곱 나이에 일본군 위안부로 끌려갔던 김학순 할머니가 1991년 자신이 피해자임을 밝히면서 일본군 위안부 문제가 드러나기 시작했다. 그보다 앞서 이 문제를 폭로한 분은 배봉기 할머니다. 배

봉기 할머니는 1975년 교도 통신 등을 통해 자신이 일본군 위안부임을 밝혔다. 하지만 큰 관심을 받지 못한 채 1991년 생을 마감했다.

김학순 할머니의 고백 이후 많은 사람이 일본군 위안부에 대해 증언하며 일본의 반인륜적 범죄가 세상에 드러났다. 그런데 일본은 아직도 일본군 위안부의 존재 자체를 부인하고 있다. 전세계 사람들에게 일본군 위안부의 실체를 정확하게 알려 일본의 사과를 받아 내는 것이야말로 정신적·육체적 고통에 시달린 할머니들을 위한 길이다.

2021년 8월 현재 생존하고 있는 위안부 할머니는 열네 명이다. 대부분 아흔이 넘은 고령이라 언제 세상을 떠날지 모르는 상황이니 일본군 위안부 문제의 해결은 시급하다고 할 수 있다.

지원병제와 징병제

전쟁이 확대됨에 따라 무엇보다 전투 병력이 절실한 일본은 우리나라 청년들을 전쟁으로 내몰기 위한 정책을 펼쳤다. 그 첫 번째가 지원병제다. 지원병제는 말 그대로 군인이 되겠다고 지원하는 사람들을 전쟁에 내보내는 제도다. 일본은 지원병을 모집하기 위해 친일파 인사들을 동원했다.

1920년대부터 일본의 식민 지배를 인정하고 자신의 영역에서

편하게 활동해 온 친일파 중에는 유명인이 많았다. 특히 문학 관련 친일 인사가 많았는데 그들은 젊은 층에게 인기가 있었다. 그 당시는 지금과 달리 텔레비전과 인터넷이 없는 건 말할 것도 없고 라디오도 일부 사람만 갖고 있는 귀중품이다 보니 누구나 공유할 수 있는 대중 매체는 신문과 책뿐이었다. 문학인은 그런 대중 매체에 자주 노출되었기에 오늘날의 연예인과 같이 인기가 있었다. 바로 그들이 지원병 모집에 나선 것이다.

문학인들은 전쟁을 미화했다. 전쟁에 나서는 것이야말로 인간이 할 수 있는 최고의 행위고 전쟁에서 죽는 것은 명예로운 것이라고 선전했다. 여자들도 나서서 남편과 아들을 전쟁에 내보내야 한다고 역설했다. 전쟁이 얼마나 가치 있고 위대한 것인지, 그리고 전쟁을 지휘하는 일왕이 얼마나 대단한지 등 일본과 전쟁을 찬양하는 글을 유포하여 전쟁에 참여하도록 선동했다.

전쟁이 장기화되자 이번에는 학도 지원병을 모집했다. 전쟁을 찬양하고 전쟁의 위대함을 알려 학생들로부터 전쟁 참전 서명을 받았다. 아직 전쟁이 무엇인지 모르는 학생들은 선망의 대상인 문학인들이 학교로 찾아와 병사를 모집하자, 들뜬 마음에 서명을 하고 전쟁터로 나갔다. 태평양 전쟁 당시 미국의 기록을 살펴보면 일본군은 상당히 어려 보인다는 내용이 있다. 여기에서 말하는 일본군 상당수는 우리나라의 학생들이었고 그들 가운데에는

10대도 있었다. 그들은 어려 보이는 것이 아니라 진짜 어렸던 것이다.

이렇게 어린 학생들까지 전쟁에 내보냈는데도 전쟁이 끝나지 않자 이번에는 1944년 징병제를 실시했다. 징병제는 청년들을 강제로 입대하게 하여 전쟁에 참전시키는 제도다. 결국 일본은 한국 청년 수십만 명을 전쟁터로 끌고 갔다. 그리고 청년들은 이름도 없이 희생되었다.

전쟁이 끝난 후 살아남은 우리나라 청년들은 B급·C급 전범이 되어 재판을 받아야 했다. 그렇게 재판받은 우리나라 사람의 수가 일본의 A급 전범 수보다 많다. 우리나라 사람의 B급·C급 전범 재판은 반대 심문이나 항소 기회조차 주어지지 않으며 불공정하게 진행되었다. 그들 중 많은 사람이 포로였고, 소련군의 포로가 된 사람들은 시베리아에서 강제 노역에 시달려야 했다. B급·C급 전범이 되어 버린 청년들과 유가족들은 오랜 투쟁 끝에 2006년에야 전범이 아닌 강제 동원 피해자로 인정받았다. 그러나 일본 정부의 사과와 배상은 여전히 이루어지지 않고 있다.

강제 징용과 군함도

군인만 전쟁에 필요한 인력이 아니다. 전쟁에 소모되는 무기와 탄약을 만드는 일을 할 사람이 필요했고 일제는 여기에도 우리나라 사람들을 동원했다. 이를 징용이라 일컫는데 총독부는 사람들을 모집하여 징용했다고 하지만 실상은 개인의 의사에 반하여 진행된 강제 징용이었다. 일제는 돈을 벌게 해 주겠다든가 직업을 구해 주겠다는 거짓말로 사람들을 모집하여 탄광이나 공장에 보냈다. 그냥 강제로 납치하여 끌고 가는 경우도 허다했다.

강제 징용 대상에는 여성이나 학생도 포함되었다. 일제는 근로 보국대라는 단체를 만들어 노동력을 동원했다. 근로 보국대는 주로 학생, 여성, 농촌 노동자를 징용의 대상으로 삼았다. 이렇게 강제 동원된 한국인은 1939년부터 일제가 패망한 1945년까지 약 200만 명 정도로 추산된다.

강제 징용으로 끌려간 사람들은 죽지 않을 만큼의 음식만 제공받은 채 급여조차 받지 못하고 일했다. 식사라고는 콩깻묵을 섞은 밥에 단무지가 전부였다고 한다. 일본은 그들에게 급여를 주었다고 주장하지만 급여에서 숙박비, 식비 등 각종 비용을 제외하고 지급했다. 그리고 저축을 생활화하자고 선전하면서 저축을 강요하여 모은 돈은 전부 전쟁 자금으로 썼다.

강제 징용으로 끌려간 장소 가운데 가장 널리 알려진 곳은 군함도이다. 군함도는 해저 탄광 개발을 위해 세워진 인공섬이다. 해저 탄광의 깊이는 1천 미터에 달해 승강기를 타고 바다 깊이 내려가 일을 해야 했다. 그곳으로 끌려간 우리나라 사람들은 탄광 바닥에 고여 있는 물 때문에 습하고 더운 공기를 마시며 일했다. 또한 막장의 높이가 무척 낮아 거의 누운 자세로 하루 열 시간 이상 석탄을 캐는 중노동에 시달렸다고 한다. 너무 힘든 노동 환경 때문에 목숨을 걸고 탈출을 시도하는 사람들이 있었고 그 과정에서 죽는 사람도 적지 않았다.

이러한 식민지 인권 수탈의 상징과도 같은 군함도를 일본은 2015년 유네스코 세계 문화유산으로 등재하여 관광지로 만들었다. 보기 드문 해저 탄광으로 탄광 개발과 인공섬 제작 기술이 녹아 있어 문화유산의 가치가 있다는 것이다. 그런데 이 과정에서 일본은 자신들이 저지른 강제 징용과 같은 인권 유린의 역사는 언급하지 않았다. 이에 우리나라는 일본의 군함도 역사 왜곡을 지적하며 유네스코 측에 등재 취소 신청을 했다.

군함도는 관광지가 아니라 우리나라 사람들의 피와 눈물이 녹아 있는 범죄의 현장이다. 일본 스스로 자신들이 저지른 잘못을 성찰하고 진정한 사과가 선행되어야 한다. 전쟁과 강제 징용 피해자들이 사과를 요구하고 있다는 사실을 일본은 기억해야 할 것이다.

우리말과 글을 지킨 조선어 학회

1930년대부터 우리 민족을 말살하고 한국인의 정신을 없애고자 한 일제의 민족 말살 정책에 맞서 우리 민족이 펼친 활동 가운데 가장 대표적인 것이 말과 글을 지키기 위한 활동이다.

일본은 언어가 없는 민족은 생존할 수 없음을 알고 민족 말살 정책을 펼치면서 우리말 사용을 금지했다. 이러한 정책에 맞서 우리말과 글을 지키고자 힘을 기울인 단체로 조선어 학회가 있다. 조선어 학회는 1908년 주시경, 김정진 등이 창립한 '국어 연구 학회'를 모체로 한다. 한때 활동이 중단되었다가 1921년 임경재, 최두선, 이승규 등이 모여 '조선어 연구회'로 이름을 고치고 재건했다. 10년 뒤인 1931년에는 또다시 이름을 '조선어 학회'로 바꾸었으며, 광복 후 1949년에는 '한글 학회'로 이름을 바꾸어 지금까지 이어지고 있다.

조선어 학회는 국어학의 원리와 이론을 연구하는 일뿐만 아니라 말과 글을 통해 민족정신을 고취하는 일도 실천했다. 훈민정음 반포 480주년인 1926년 음력 9월 29일을 '가갸날'로 정했고 가갸날은 오늘날의 한글날이 되었다. 1930년에는 맞춤법 통일, 표준말 제정, 외래어 표기법 통일 등을 결의했고 1933년 한글날 기념식에서 '한글 맞춤법 통일안'을 발표했다. 이러한 조선어 학회의 활동은 오늘날 한글 사용의 표준을 제공했다는 점에서 의의가 크다.

한글 사용의 중요성과 한글 사용을 통한 민족정신의 고취를 목표로 삼은 조선어 학회는 《우리말 큰사전》 발행을 결정하고 편찬 사업에 들어갔다. 일제는 이 사업이 민족 말살 정책에 방해가 된다고 생각했지만, 조선어 학회가 언어를 연구하는 순수한 학회였기에 이 단체를 없애지는 못하면서 눈엣가시로 여겼다. 일본은 마침내 1942년 이른바 조선어 학회 사건을 일으켜 학회 회원들에게 독립운동을 했다는 명목을 붙여 구속했다. 《우리말 큰사전》 편찬은 그 일로 중단되었다가 해방 후 다시 착수하여 완수했다. 이 내용은 영화 〈말모이〉를 통해 알려지기도 했다.

일제의 지속적인 탄압에도 우리말을 지키기 위해 조선어 학회가 애쓴 까닭은 우리의 말과 글 사용이 민족의 존폐와 직결된 것이기 때문이다. 이에 조선어 학회는 우리말을 바르게 사용할 수 있도록 연구하고 홍보하는 일을 꾸준히 했다. 그럼에도 일제의 강요로 1940년대에는 대부분의 한국인이 일본어를 사용해야 했다.

그렇게 강제로 사용한 일본어 잔재는 우리 일상에 지금도 남아 있다. 나이 많은 어른들이 무의식적으로 사용하는 다꾸앙(단무지), 노가다(막일꾼), 기스(흠) 외에 젊은이들의 언어 속에도 일본어식 표현이 있다. 이를테면 18번(애창곡), 오뎅(어묵), 간지나다(멋지다) 같은 말들이다. 말과 글에 민족정신이 담겨 있다고 믿고 지키려 분투한 조선어 학회의 활동을 떠올려 보아야 할 일이다.

태평양 전쟁과 함께 끝난 중일 전쟁

대공황 이후 대륙 침략의 전략을 굳힌 일본은 1931년 만주를 침공한 뒤 1932년 3월 1일 청나라의 마지막 황제 선통제 푸이를 왕으로 내세운 만주국을 세웠다. 국제적 비난과 국제 연맹의 제재를 피하고자 일본은 자신들이 점령한 지역을 직접 다스리지 않고 만주국을 수립했다. 제1차 세계 대전 후 국제 평화를 위해 성립된 국제기구인 국제 연맹이 전쟁을 일으키는 나라를 견제하고 있었기 때문이다.

하지만 국제 연맹은 리턴 조사단을 보내 만주국을 조사한 결과 만주국이 일본의 괴뢰 정부고 선통제 푸이는 허수아비에 불과하다고 판단했다. 이에 리턴 조사단은 일본에 만주에서 철군할 것을 요구했으나, 일본은 이를 받아들이지 않고 국제 연맹을 탈퇴했다. 전쟁을 계속하겠다는 의사 표시였다.

전 세계에 전쟁 의사를 밝힌 일본은 무서울 게 없었다. 1935년에는 화북 지역까지 점령한 후 허베이성에 괴뢰 정부를 세우고 중국을 압박했다. 중국에서는 일본이 더 이상 침략하지 못하게 항일 투쟁을 벌여야 한다는 주장이 제기되었다. 그런데 중국은 내부적으로 여러 문제를 안고 있었다. 특히 공산당과 갈등 관계에 있는 국민당 총수 장제스는 일본보다 공산당을 먼저 토벌해야 한다고 주장하며 항일 투쟁을 소홀히 했다.

그러던 중 1937년 7월 7일 베이징 교외 루거우차오 부근에서 중국군과 일본군 사이에 작은 충돌이 빚어졌다. 루거우차오 인근에는 두 나라의 군대가 주둔하고 있었는데, 야간 훈련 도중 일본군 중대에서 몇 발의 총성이 나더니 일본군 병사 한 명이 행방불명되는 일이 발생했다. 처음 두 나라는 최초의 사격이 어디에서 시작되었는지 알 수 없는 상황이기에 사태를 확대하지 않고 정전하기로 협정했다. 하지만 일본은 이 모든 일이 중국 측의 계획적 무력행사라고 판단하고 중국에 파병하기로 결정했다. 7월 28일 일본군이 베이징과 톈진에 총공격을 개시하며 중일 전쟁이 시작되었다.

중일 전쟁이 시작되고 한 달 만에 일본은 베이징과 톈진 이북 지역을 점령하며 기세를 올렸다. 일본의 빠른 공격에 중국의 국민당과 공산당은 서로에 대한 공격을 멈추고 힘을 합해 항일전에 전력을 기울이기로 약속했다. 이른바 제2차 국공 합작이 성립된 것이다. 총사령관은 장제스가 맡고 공산당의 홍군은 팔로군으로 이름을 바꾸어 국민당 군대에 편입되었다.

중일 전쟁으로 폐허가 된 상하이. 일본은 상하이 공격을 시작한 지 4개월 만에 간신히 이긴 후 분풀이로 곳곳을 불태우고 민간인을 학살했다(그림 15).

한편 일본은 계속 남하하여 상하이를 거쳐 12월 31일 난징까지 점령했다. 이곳에서 일본은 중국인의 항일 의지를 꺾고자 그 유명한 난징 대학살을 자행했다. 난징 대학살은 약 2개월 동안 일본군이 중국인을 남녀노소 가리지 않고 학살한 사건으로 중국 측이 주장하는 희생자는 30만 명, 전후 극동 국제 군사 재판에서 인정한 희생자는 12만 명이다. 당시 난징의 인구가 60만이니 중국의 주장대로라면 두 명 중 한 명, 국제 재판에서 인정한 그대로 보아도 다섯 명 중 한 명은 학살된 셈이다. 게다가 학살당한 사람은 대부분 민간인이다.

이후 일본은 1938년 광저우와 우한을 점령하며 승승장구했다. 전쟁이 길어질수록 불리하다고 판단한 일본군은 속전속결로 밀어붙였다. 그러나 일본의 생각을 간파한 마오쩌둥은 지구전을 준비했다. 전면전을 피하고 기계화된 일본군이 제 실력을 발휘

할 수 없는 언덕이나 산에 진을 치고 기다리는 전략을 펴면서 게 릴라전 위주로 작전을 구사했다. 이로 인해 전쟁은 장기화되면 서 교착 상태에 빠졌다.

　1941년 태평양 전쟁이 벌어지면서 중일 전쟁의 양상도 달라졌 다. 일본이 미국을 도발하여 태평양 전쟁이 벌어지면서 일본은 미국과 연합국 공동의 적이 되었다. 그리고 영국과 미국이 일본 에 선전 포고를 할 때 중국은 연합국의 일원이 되었다. 이때부터 일본군의 공격을 영국과 미국의 연합국이 같이 막아 내는 형태 로 바뀌었다. 결국 1945년 8월 15일 일본이 항복을 선언하면서 태평양 전쟁은 종결되고 중일 전쟁 역시 끝을 맺게 되었다.

어떤 사람들이
친일파가
되었을까?

우리나라는 1945년 일본의 식민 지배에서 벗어나 어느새 선진국 반열에 들어섰다. 그런데 아직까지 일제 식민 지배와 관련하여 해결하지 못한 문제들이 남아 있다. 일본과 직접 풀어야 할 일본군 위안부 배상 그리고 강제 징용에 대한 배상과 사과가 대표적인 것이다.

그리고 우리나라 국내에서 풀어야 할 친일 반민족 행위자에 대한 처리 문제 역시 지금껏 미해결 과제로 남아 있다. 흔히 '친일파'라 불리는 사람들은 누구였으며 그들과 관련하여 남아 있는 과제는 무엇일까?

친일파는 누구인가

'친일파'라는 단어는 1966년 임종국이 출간한 《친일 문학론》
에서 처음 등장했다. 이 책에서 친일은 '일본과 친하다'라는 뜻으
로 정의되었지만 사실은 '부일배'라는 표현 대신 사용된 용어다.
부일이란 '일본 제국주의에 부역하다'라는 뜻으로, 좀 더 쉽게 표
현하자면 '일본을 위해 일하다' 정도로 해석할 수 있다. 즉 친일
파는 일본 제국주의의 침략 행위를 도운 사람들을 의미한다고
볼 수 있다.

2004년에 제정된 '일제 강점하 친일 반민족 행위 진상 규명에
관한 특별법'에는 친일 반민족 행위자에 대한 규정이 언급되어
있다. 일단 시기는 러일 전쟁 기간부터 1945년 8월 15일 광복에
이르기까지 약 40년으로 정해져 있다. 이 시기 일본 제국주의의
침략 행위를 도운 사람들이 친일파이며, 강요에 의해서가 아니라
자신의 이익을 좇아 자발적으로 친일 행위를 한 사람들이 친일
파다.

이 기준에 따라 2005년 민족 문제 연구소의 친일 인명 사전 편
찬위원회가 정한 친일파는 3,090명, 2006~2009년 친일 반민족
행위 진상 규명 위원회에서 정한 친일파는 1,005명이다. 그 주요
명단은 다음과 같다.

- **일본에 유리한 조약을 맺은 인물** : 고영희, 권중현, 민병석, 박제순, 송병준, 윤덕영, 이근택, 이병무, 이완용, 이재곤, 이지용, 임선준, 조민희, 조중응

- **일제로부터 작위를 받고 귀족이 된 조선 왕실 사람** : 이기용, 이재각, 이재완, 이해승, 이해창

- **경찰 및 군인** : 김덕기, 김정렬, 김태석, 노덕술, 백선엽, 이형근, 전봉덕, 정일권, 하판락, 홍순봉

- **판검사** : 민복기, 이호, 조진만, 홍진기

- **종교인** : 권상로, 남상철, 노기남, 박완, 이종린, 이종욱, 이회광, 정인과, 정춘수, 최린

- **문화인 및 예술인** : 김경승, 김은호, 모윤숙, 안종화, 유진오, 유치진, 이광수, 이종태, 조택원, 주요한, 최승희, 최재서, 현제명

- **교육인 및 학술인** : 고광만, 김활란, 백낙준, 이능화, 장덕수, 최남선, 황신덕

- **언론인** : 김한경, 김환, 노성석, 방응모, 박희도, 서춘, 이창수

- **전쟁 협력자** : 김연수, 문명기, 박승직, 박흥식, 신태악, 현영섭

*《친일 인명 사전》(친일인명사전편찬위원회·민족문제연구소) 참고

위 사람들은 우리나라의 주권이 일본에 넘어가는 과정에서 협력하고 대가를 받거나 일제 강점기에 독립군을 탄압하는 등 일

본의 식민 지배를 위해 노력한 사람들이다. 또한 일제의 침략 전쟁을 미화하고 우리나라 사람들을 적극적으로 전쟁에 동원한 사람들, 일본에 엄청난 금액의 전쟁 기부금을 내거나 무기를 바친 사람들도 있다. 이런 친일파들이 있어 일본은 우리나라를 편하게 통치할 수 있었고 식민 지배 기간 동안 인적·물적 수탈이 가능했다.

친일파 인사들의 행적

이해승

조선 왕실 사람으로 제14대 왕 선조의 생부 덕흥 대원군의 후손으로 알려져 있다. 왕실 후손이라는 배경 덕에 대한 제국에서 관직에 임명되고 일본이 한일 병탄 조약 맺는 것을 적극 도왔다. 그 공을 인정받아 1910년 고작 스물한 살이라는 나이에 일본 정부로부터 후작 작위와 은사 공채 16만 2천 원을 받았다. 게다가 1912년에는 한일 관계의 공적이 있는 자로 인정받아 조선 병합 기념장까지 받았다.

일제 강점기 동안 일본에 적극 협력하고 1941년 김동환, 최린, 윤치호 등이 일제의 황국 신민화 정책과 태평양 전쟁에 협력하기 위해 만든 친일 단체인 조선 임전 보국단에 참여했다. 1942년 조선 귀족회의 회장이 되고 일본 육해군에 각각 1만 원의 국방헌금을 냈다.

해방 후 반민족 행위 특별 조사 위원회(줄여서 '반민 특위'로 부른다)는 이해승을 친일파로 기소하나, 반민 특위가 와해되면서 풀려난 뒤 6·25 전쟁 중 납북되었다.

김성수

1891년 전라북도 고창의 만석꾼 집안에서 태어나 일찍이 영어와 신학문을 공부하고 일본 와세다 대학 정경학부에서 유학했다. 귀국 후에는 인재 양성, 산업 진흥, 민족 자본 육성, 언론 활동을 통한 민족의식 고취를 위해 노력했다. 1920년 《동아일보》를 창간하여 계몽에 힘쓰는가 하면 물산 장려 운동과 민립 대학 설립 운동에 참여했다. 1929년에는 상속받은 재산으로 중앙학원을 설립하고 1932년에는 지금의 고려 대학교인 보성 전문학교를 인수했다.

《동아일보》는 일제를 비판하고 민족의식을 고취하기 위해 노력한 신문으로, 1936년 베를린 올림픽 금메달리스트 손기정이 금메달을 받으러 단상에 올라간 사진에서 일장기를 지운 사건이 대표적이다. 이렇게 민족주의자로 활발하게 활동한 김성수가 《동아일보》 정간 후 친일파로 돌아섰다.

김성수는 중일 전쟁의 정당성을 선전하는 시국 강좌를 열고 국방헌금을 바치고, 1938년에는 국민정신 총동원 조선 연맹 발기에 참여하는 등 친일 조직에 가담했다. 심지어 징병제가 실시되자 징병 격려문을 기고하여 학생들이 학도병에 지원해야 한다고 주장했다. 해방 후에는 보수 우익 정당인 한국 민주당을 창당하고 1951년 대한민국 제2대 부통령을 지내기도 했다.

최남선

1890년 서울에서 태어나 1904년 대한 제국 황실 유학생으로 일본에 건너갔으나, 항일 문예 운동을 벌여 퇴학당한 후 귀국하여 언론·출판 분야에서 항일 운동을 이어 갔다. 1919년 3·1 운동 당시 독립 선언서를 작성한 일로 일본에 체포되어 2년 8개월간 복역했다. 이처럼 독립운동에 앞장서던 최남선은 1928년 조선사 편수회 위원으로 활동하면서 친일파로 돌변했다. 조선사 편수회는 우리나라의 역사를 왜곡하기 위해 만든 일제의 하위 기관으로, 최남선은 그곳에서 우리 역사를 열등한 것으로 만드는 활동을 했다.

1930년대에는 한국 문화와 일본 문화의 뿌리가 같다는 문화 동원론을 주장하는가 하면, 일본의 조상을 신으로 섬기는 일본 신도 보급에 앞장섰다. 일본의 침략 전쟁이 본격화된 뒤에는 일본의 전쟁 수행을 지지하는 〈보람 있게 죽자〉, 〈나가자 청년 학도야〉, 〈아시아의 해방〉 등을 발표했다. 그리고 1943년에는 일본의 한국 유학생들에게 학도병 지원을 권유하는 선배 격려단에도 참여했다.

광복 후 반민 특위에 체포되어 서대문 형무소에 수감되었으나 보석으로 풀려나 언론 기고 활동을 지속하다가 1957년 사망했다.

김활란

교육자, 정치가이자 사회 운동가인 김활란의 본명은 김기득이나 세례명 헬렌을 한자어로 표기한 '활란'을 이름으로 사용했다. 1907년 이화 학당의 장학생으로 입학하여 졸업 후에는 모교에서 근무했다.

1923년에는 김필례·유각경 등과 함께 조선 여자 기독교 청년회 연합회(조선 YWCA연합회)를 창설하고, 1924년 YWCA 세계 대회에서 조선 YWCA 연합회가 승인받는 데 주도적 역할을 했다. 또한 1925년부터 이화 학당 교수를 맡고 있던 김활란은 1931년에는 미국 컬럼비아 대학교에서 우리나라 여성 최초로 철학 박사 학위를 받았다.

이처럼 신교육을 받은 여성의 대표이자 교육자인 김활란은 1936년 조선 총독부 주최 사회 교화 진흥 간담회에 참석하는 것을 시작으로 친일 활동에 앞장서 황국 신민화 정책을 선전하고 중일 전쟁을 위한 전쟁 기금 모금에도 앞장섰다. 유각경, 이숙종, 박순천, 노천명, 모윤숙 등과 함께 조선 임전 보국단 부인대 간부가 되어 정신대 참여와 학도병 지원을 독려하고 황국 부인으로서 지녀야 할 자질 연마와 각성을 촉구하는 강연 활동을 했다. 또한 여성 계몽 운동을 빙자해 여성의 활동을 일제를 위한 전쟁 지원 활동으로 바꾸기 위하여 노력했다. 심지어 징병제를 찬양하면서 여성들에게 남편과 아들을 자랑스럽게 전쟁에 보내야 한다고 강조했다.

이화 여자 전문학교와 이화 보육 학교의 교장을 맡고 있던 김활란은 광복 후에도 계속 교육 활동과 종교 활동을 하여 각종 국제적인 상을 수상하기도 했다.

최린

천도교를 대표하는 인물로 3·1 운동에 준비 단계부터 참여하여 천도교와 기독교의 연합을 이끌어 낸 핵심적인 역할을 했다. 3·1 운동 민족 대표로 활동하여 투옥되었다가 1921년 가출옥한 뒤 1945년까지 친일 행각으로 일관했다. 천도교가 경영하는 보성 중학교 교장으로 10년간 재직했고 보성 전문학교에서 헌법 등을 강의했다.

1932년 천도교가 친일 색채를 띤 신파와 비타협적 민족주의자들의 구파로 분열되자 신파의 대도령이 되었다. 이후 조선은 내선 융합, 공존공영의 원리에 따라 일본에 흡수되는 것이 민족 갱생의 유일한 길이라고 주장하는 성명을 발표하면서 공개적으로 일제에 협력했다. 중일 전쟁이 일어나자 강연회를 통해 전쟁에 적극 참여할 것을 주장했다. 광복 후 반민 특위에 체포되었다가 병보석으로 석방된 후 6·25 전쟁 중 납북되었다.

박흥식

1903년 평안남도의 부유한 집안에서 태어났고, 형 박창식은 독립운동을 하다가 투옥되어 고문 후유증으로 사망했다. 박흥식은 부친이 사망하자 학업을 포기하고 사업에 뛰어들어 갑부가 되었고 인쇄소, 학교 등을 설립했다. 당시에는 신문이 유일한 대중 매체였는데《동아일보》,《조선일보》,《매일신보》등을 자신이 운영하는 인쇄소의 고객으로 만들면서 자산을 불려 나갔다.

1931년에는 금은을 취급하는 화신 상회(우리나라 최초의 백화점인 화신 백화점의 전신)를 인수했는데 금 시세가 폭등하여 엄청난 이익을 보았고 이 과정에서 조선 식산 은행과 긴밀한 관계를 맺으며 친일 기업인으로 변모했다.

중일 전쟁이 벌어지고 일본이 본격적으로 전쟁에 뛰어들자 박흥식은 자산을 국방헌금으로 기부하여 일본을 도왔다. 또한 종로 경찰서 신축 기성회비를 내고 친일 단체인 조선 임전 보국단에 거액의 회비를 헌납했다. 일제의 침략 전쟁을 찬양하는 글을 쓰는가 하면 전쟁을 돕기 위해 전투기 제조를 목적으로 설립된 회사에도 관계했다.

1949년 반민 특위 활동이 시작되었을 때 친일파 제1호로 체포될 정도로 일본에 충성했다. 그러나 재판에서 무죄로 풀려나 다시 사업에 뛰어들었다.

노덕술

노덕술은 1899년 경상남도에서 태어나 일본인이 경영하는 잡화상에서 일하다 돈을 벌러 홋카이도로 건너갔다. 1920년 귀국한 뒤 순사 교습소를 졸업하고 순사가 되면서 친일 경찰의 길을 걷기 시작했다.

승승장구하던 노덕술은 1928년 신간회 간부 박일형을 체포하여 악랄한 고문을 가하면서 고문 전문가의 면모를 드러냈다. 1929년 부산 제2상업학교 학생들이 벌인 동맹 휴학의 배후인 혁조회 간부들을 체포하고 고문했는데, 어찌나 가혹했던지 혁조회 간부 중에는 옥사하거나 고문 후유증으로 사망하는 이가 생겼다. 이후에는 광주 학생 항일 운동 관련자의 석방을 주장하는 사람들을 체포하여 고문하는 등 악행을 계속했다.

이렇게 일본에 충성한 대가로 노덕술은 승진을 이어 갔고 그 럴수록 그의 고문과 악행은 더욱 악랄해져 '고문 귀신'이라는 별 명을 얻었다. 스스로 새로운 고문 방법을 개발해 독립운동가들을 괴롭히는 등 최고의 친일 경찰로 활동하여 의열단의 처단 대상 이 되었다. 노덕술은 일제로부터 인정을 받아 1943년 경시 자리 까지 올랐다. 일제 강점기 전체를 통틀어 조선인 출신 경시는 단 21명에 불과하고 노덕술을 제외한 다른 경시는 모두 대학을 졸 업한 엘리트들이었다. 변변한 학력도 없이 경시에 올랐으니 노덕 술이 얼마나 일제에 충성했는지 알 수 있는 대목이다.

노덕술의 충성은 거기에서 멈추지 않았다. 1944년부터는 경찰 임무에 징병, 운송, 방공 등이 추가되자 경찰부 수송 보안 과장이 되어 일제의 전쟁을 지원하는 데 최선을 다했다. 그뿐만 아니라 조선 흥행 협회 이사가 되어 영화와 연극 등의 보급을 통한 한국 인들의 사상 선도에도 앞장섰다.

1945년 해방되었을 때 평양 경찰서 서장이던 노덕술은 소련군 에게 체포되어 몇 달간 구금되었다가 풀려났다. 그는 북한에 계 속 있다가는 신변에 위험이 생길 것이라고 생각하고 남한으로 내려와 경찰에 복직하여 수도 경찰청 수사과장으로 임명되었다. 물론 노덕술의 복직을 두고 이견이 있었으나 남한 경찰 조직은 친일 경찰의 손아귀에 있어 순조롭게 이루어졌다.

이때부터 노덕술은 이승만의 마음에 들지 않는 사람들을 구속하는 데 앞장서며 이승만에게 충성했다. 이승만이 의열단 출신 김원봉을 자기 사람으로 만들려고 애쓰다 거절당하자, 노덕술은 김원봉을 미군정 포고령을 위반했다는 이유로 체포해 취조했다. 이승만 대통령은 이러한 노덕술을 반공 투사라고 치하하고, 반민 특위가 노덕술을 체포했을 때 두 번이나 직접 반민 특위를 찾아가 노덕술의 석방을 요구했다. 자신의 요구가 받아들여지지 않자 반민 특위를 해체할 정도로 노덕술에 대한 이승만의 신뢰는 두터웠다. 결국 노덕술은 1968년 사망할 때까지 아무런 처벌도 받지 않았다.

친일파 처벌이 필요한 이유

몇몇 친일 인사들의 행적을 살펴보았다. 보는 시각에 따라서는 시대가 그러하니 친일 행위는 누구나 할 수 있는 것이라고 여길 수도 있다. 그러나 여기에서 주목해야 할 것은 이들이 일반인이 아니라 사회 지도층이라는 점이다.

일반 사람들이 일본을 찬양한다면 그 행동은 개인의 문제로 끝날 수 있다. 하지만 사회 지도층은 말 한마디, 행동 하나하나가 대중에게 커다란 영향을 끼친다. 더욱이 당시에는 지식인, 교육자, 문학인이 사람들에게 미치는 영향력은 어마어마했다. 이러한 사회 지도층의 친일 행각 때문에 국제 정세에 어둡고 전쟁이 얼마나 끔찍한 것인지를 모르는 일반 대중 수백 만 명이 전쟁으로 내몰렸다.

친일파는 그 위험성을 알면서도 전쟁을 미화하여 사람들을 전쟁터로 보냈다. 그들 자신은 물론 그들의 가족은 전쟁에 나서지 않으면서 다른 사람들만 부추겼다. 그런데도 친일파는 해방 후 이렇다 할 처벌을 받지 않았다. 일제 강점기 때의 직책을 그대로 유지한 채 사회 상류층으로 권위를 누리며 제대로 된 책임을 지지 않았다. 더욱이 같은 사회 지도층이면서 독립운동에 나섰던 이들의 삶과 친일파의 삶을 비교해 보면 친일파를 처벌하지 않은 것이 정당한지 의문을 갖지 않을 수 없다.

이회영 집안의 여섯 형제는 국권 피탈 후 전 재산을 처분하고 만주로 떠나 독립운동에 나섰다. 당시 이회영 집안의 재산은 지금 돈으로 치면 최소 600억에서 몇조 원에 달했을 것으로 추정된다. 그 정도 재산이면 일제 강점기하에서도 얼마든지 편히 살 수 있었을 텐데 그들은 안락한 삶을 버리고 나라의 독립을 위해 노력했다. 그리고 이회영을 제외한 다섯 형제는 체포되어 고문을 받거나 생활고, 질병 등으로 숨졌다.

이름이 널리 알려진 안창호는 일찍이 서구 문물을 접한 수재였다. 교육인이자 연설가로 활동하면서 유명해졌고 미국 교포 사

동우회 사건으로 체포되어 서대문 형무소에 수감된 1937년 11월의 안창호. 동우회는 당시 최고 지식인, 민족주의자가 만든 독립운동 단체로 잡지 《동광》을 발간하고 민중 계몽 운동을 펼쳤다. 일제는 회원 181명을 잡아들였는데 이후 많은 사람이 친일로 전향했다(그림 16).

회에서 영사관과 같은 역할을 하며 능력을 인정받았다. 그런데 미국을 떠나 만주, 상하이, 베이징 등지를 전전하며 독립운동을 펼치다 1932년 윤봉길의 홍커우 공원 의거 사건으로 체포되어 국내로 압송되었다. 1935년 가출옥했으나 1937년 중일 전쟁에 반대하는 모임을 운영하여 다시 체포되었다. 체포된 지 6개월 만에 병보석으로 풀려났지만 얼마 지나지 않아 눈을 감았다. 안창호가 마지막으로 감옥에 갇혀 있을 때 그를 본 사람의 기록에 따르면 너무 야위고 병든 모습이라 안창호인지 알아보기 힘들었다고 한다.

독립운동가 대부분은 독립운동을 하느라 집안을 돌보지 못했다. 독립운동가의 부인은 일본 경찰의 눈을 피해 경제 활동을 하며 홀로 아이를 키워야 했고, 자녀들은 아버지의 얼굴도 보지 못한 채 살아갔다. 그리고 가족은 독립운동가를 회유하는 데 이용당하기도 했다. 일례로 일본은 홍범도를 국내로 끌어들이려 홍범도의 부인과 자식들을 인질로 삼았으나 홍범도가 회유당하지 않자 그들을 죽이고 말았다.

이처럼 독립운동가와 친일파의 삶은 천양지차였다. 이들에게 정당한 보상과 합당한 처벌이 주어지는 것은 당연한 일이다. 그렇지만 오랜 시간이 지난 지금까지도 친일파에게는 마땅한 처벌이 이루어지고 있지 않다.

대표적으로 친일파 이해승의 재산 처리 과정을 보자. 친일 반민족 행위 진상 규명 위원회는 2007년 이해승의 손자 이우영이 상속받은 재산의 일부인 땅 192필지(구획된 논밭이나 대지를 헤아리는 단위)를 국가에 귀속하기로 결정했다. 이 땅의 가치는 당시 시가로 300억 원대에 달했다. 그러나 이우영은 국가 귀속 처분을 취소하라며 위원회를 상대로 행정 소송을 냈고, 재판에서 192필지 가운데 1필지만 국가가 환수할 수 있다고 판결 났다. 사실상 재산 환수가 불가능해진 것이다.

친일 반민족 행위자들은 친일 행위를 통해 축적한 재산을 고스란히 후손들에게 물려주었지만, 국가는 여러 법적인 걸림돌 때문에 제대로 환수하지 못하고 있다. 친일파들이 축적한 재산은 대부분 충성의 대가로 일본이 하사한 것으로 본디 우리나라 정부와 농민의 것이었다. 친일파의 재산이 환수되어 모든 국민을 위해 쓰이는 것이야말로 그 재산이 원래 주인에게 돌아가는 길일 것이다. 이런 점을 생각할 때 친일파 문제는 현재 진행형이라고 할 수 있다.

일본이 만든 거짓 논리 식민 사관

최남선이 위원이 되어 활동한 조선사 편수회는 조선 총독부가 만든 역사 연구 기관이다. 조선사 편수회의 주요 임무는 한국이 역사적으로 열등했다는 논리를 만들어 일본의 한국 지배를 정당화하는 것이었다. 이에 한국 역사 왜곡 작업에 들어갔는데 조선사 편수회가 내세운 우리 역사의 열등함은 크게 세 가지다.

첫째, 정체성이다. 세계 역사의 흐름을 보면 발전 단계가 있기 마련이고 더욱이 근대 사회로 발전하기 위해서는 적절한 과정이 있어야 하는데, 한국 역사에는 그 과정이 없어 한국은 고대 사회에 멈추어 있으므로 일본이 한국을 근대화하기 위해 식민 지배를 할 수밖에 없다는 주장이다.

이는 명백한 거짓말이다. 한국 역사를 보면 조선 시대 후기에 이미 근대 사회로 발전하기 위한 전제 조건들이 갖추어져 있었다. 신분제가 약화되고 상공업이 발달하여 거상이 등장하는 과정은 유럽에서 자본주의가 생성되는 과정과 비슷하다. 이는 곧 자본주의를 바탕으로 한 근대 사회가 태동할 것이라는 신호다.

그러나 일본이 식민 지배를 하면서 오히려 우리나라의 자발적 근대화는 가로막히고 발전 방향이 왜곡되는 결과를 낳았다.

둘째, 타율성이다. 일본은 한국이 반도 국가이기에 대륙과 해양 두 곳에서 영향을 받으며 다른 나라에 의해 움직이는 타율적인 역사를 갖고 있다고 주장했다.

이것은 억지다. 반도 국가가 타율적인 나라라면 세계의 모든 반도 국가가 그래야 한다. 고대 로마는 반도 국가면서 서양사에서 가장 강력한 나라로 발전했으며, 현재 유럽 대부분의 나라는 로마의 정치적·문화적 토대 위에서 형성되었다. 또한 오늘날 우리나라가 대륙과 해양 모두를 활용하고 있는 점을 보아도 반도 국가는 유리한 점이 많다는 것을 알 수 있다.

셋째, 당파성이다. 일본은 조선이 파벌을 이루어 다툰 역사를 언급하며 늘 당파 싸움을 해 왔기 때문에 발전할 수 없었다는 논리를 만들어 냈다.

사실 파벌을 형성해 싸운 형국은 우리나라보다 일본이 더 심각하고 잔혹했다. 우리나라의 정치적 파벌이 좀 더 나은 정책을 만들어 가는 과정에서 나온 것이라면, 일본의 다툼은 정권을 잡기 위한 무사들의 칼부림이었다. 왕이 혼자 정책을 결정하지 않고 신하들과 논리적 다툼을 통해 나은 정치를 펼쳐 간 조선의 정치적 장점을, 일본은 당파 싸움으로 둔갑시킨 것이다.

이처럼 일본의 식민 사관은 모두 역사를 왜곡한 논리고 사실과 다르다. 그런데 거짓과 억지를 한국인에게 가르치며 패배감을 안겨 주었다. 실제로 연령이 높은 어른 가운데 다른 나라를 우리나라보다 좋은 나라로 여기는 사대주의에 빠져 있는 경우가 있는데, 이는 아직도 남아 있는 일본 교육의 영향이라고 볼 수 있다. 제대로 된 역사의식을 갖는 것이 얼마나 중요한 일인지 절감하게 된다.

한국과 중국은 왜
항일 연합 전선을
형성했을까?

일제의 식민 지배에서 벗어나기 위해 만주를 거점으로 독립운동을 이어 간 우리나라의 무장 투쟁 세력은 일본군이 만주를 침공하자 전면전을 펼쳤다. 일본의 공격을 받은 중국 역시 일본군과 싸웠다. 이 과정에서 우리나라의 독립군은 전과는 다른 환경에 놓이게 되어 새로운 대일 투쟁을 벌여 나갔다.

1930년대 만주에서의 한중 연대

1920년대 봉오동 전투와 청산리 대첩을 승리로 이끌면서 우리나라 독립군은 활기를 띠었다. 그리고 간도 참변과 자유시 참변으로 부침을 겪은 뒤 독립군을 재편하는 작업에 들어갔다. 소규모 부대로 흩어져 있는 독립군 조직을 일본의 공격에 효율적으로 맞설 수 있는 대규모 조직으로 바꾸었다. 1920년대 후반에는 국민부와 혁신 의회라는 두 조직으로 재편되었다. 국민부는 조선 혁명군을 조직하여 남만주 일대에서, 혁신 의회는 한국 독립군을 조직하여 북만주 일대에서 활동했다. 1930년대가 되면서 일제의 탄압을 피해 만주 지역으로 넘어오는 한국인이 급증하자 이들의 움직임은 활발해졌다.

1931년 만주 사변으로 만주는 사실상 일본의 점령지가 되었다. 그러자 반일 감정이 고조된 중국인들은 만주에서 활동하는 우리나라의 독립군과 연합 전선을 형성했다. 자연스럽게 한중 연대가 결성된 것이다.

양세봉이 이끄는 조선 혁명군은 중국 의용군과 손잡고 남만주 일대에서 일본군에 맞섰다. 이들은 영릉가 전투, 흥경성 전투에서 일본군을 격퇴하며 선전했다. 지청천이 이끄는 한국 독립군은 중국 호로군과 연합하여 북만주 일대에서 활동을 펼쳐 쌍성보 전투, 사도하자 전투, 대전자령 전투에서 일본군에게 승리를 거두었다. 그러나 아시아 최강 군대를 거느린 일본이 대규모 군대를 만주에 보내자 한중 연합군은 밀리기 시작했으며, 일본이 비행기까지 동원해 만주를 공격하자 한중 연합군은 맞서 싸우기가

버거워졌다. 설상가상으로 양세봉의 전사로 조선 혁명군 세력은 급격히 약화되고 중국 의용군의 사기마저 떨어졌다. 이후 남은 조선 혁명군의 대원 중 일부는 만주에서 유격 부대로 활동했다.

어려움을 겪기는 한국 독립군도 마찬가지였다. 한국 독립군은 연합 전선을 펼치던 중국 호로군과 전리품 배분 문제로 갈등을 겪으면서 한중 연합 전선이 흔들렸다. 때마침 임시 정부 측에서 한국 독립군 사령관 지청천을 비롯한 인사들에게 중국으로 와 줄 것을 요청했다. 이에 한국 독립군의 간부 상당수는 중국으로 이동하고 남은 사람들은 조선 혁명군과 같이 만주에서 유격 활동을 이어 갔다.

한편 중국 공산당 세력은 일본의 만주 침략에 대항하여 만주에서 항일 활동을 했고, 우리나라의 사회주의 세력 또한 항일 유격대를 조직하여 중국 공산당 세력과 함께했다. 이에 만주 곳곳에 흩어져 있는 유격 부대를 한데 모아 하나의 부대가 조직되었다. 이들이 바로 동북 항일 연군이다.

동북 항일 연군 내 한인 유격대는 국경선 근처에서 유격 활동을 벌이며 우리나라 영토 안에 있는 일본군을 괴롭혔다. 그러던 중 함경남도 일대를 습격하여 경찰 주재소와 면사무소 등 일제의 통치 기구를 파괴하고 보천보 일대를 일정 기간 점령하는 일이 벌어졌다. 우리나라 독립군이 직접 국내로 들어와서 일본군을 쫓아낸 이 사건은 《동아일보》에 대서특필되면서 국내에 알려졌다. 비록 잠깐이었지만 우리 힘으로 일본군을 몰아냈다는 소식에 국내의 민중들은 독립 의지를 되살리며 희망의 불씨를 이어 갔다.

중국 영토 안에서의 독립운동

만주에서 활동한 무장 투쟁 세력은 만주 사변 후 중국으로 이동하여 통합 운동을 전개했다. 그 결과 김원봉을 중심으로 연합하여 민족 혁명당(훗날 조선 민족 전선 연맹이 된다)을 만들었다. 그러나 임시 정부 인사들은 임시 정부를 해체하고 민족 혁명당에 들어가는 데 반대했다. 이에 김구는 조소앙, 지청천 등 민족주의 세력과 연합하여 한국 광복 운동 단체 연합회를 결성했다. 이로써 중국 영토 안에 조선 민족 전선 연맹과 한국 광복 운동 단체 연합회, 두 독립운동 세력이 존재하게 되었다. 김원봉과 김구는 두 세력을 통합하려 노력했으나 결렬되어, 결국 조선 민족 전선 연맹은 독자적인 행보에 나서고 김구는 임시 정부 활동을 이어 갔다.

조선 민족 전선 연맹은 중국 국민당 정부의 지원을 받아 조선 의용대를 조직했다. 조선 의용대는 중국 국민당과 더불어 일본에 맞서 싸우며 큰 성과를 올렸다. 하지만 중국 국민당의 소극적인 대일 항전에 불만을 품고 보다 적극적으로 항일 투쟁을 벌이는 중국 공산당 세력에 합류하기를 원하는 대원들이 있었다. 이들은 조선 의용대 화북 지대가 되어 중국 공산당과 연합하고 호가장 전투, 반소탕전 등에 참전하여 큰 전과를 올렸다. 이들과 달리 중국 공산당에 합류하는 데 반대하는 대원들은 김원봉의 지휘 아래 활동했다.

한편 1940년 김구는 임시 정부를 이끌고 중국 국민당 정부를 따라 충칭에 자리 잡았다. 충칭에서 체제 개편에 들어간 임시 정부는 김구를 주석으로 선출하고 정당, 정부, 군대 등 조직을 갖추었다. 이때 창설된 임시 정부의 군대가 한국광복군이다. 임시 정부의 활동이 재개되자 사회주의 계열에서도 임시 정부로 힘을 모아 독립운동을 벌여야 한다는 의견이 나왔다. 그러던 중 김원봉 세력이 임시 정부에 합류하면서 임시 정부의 힘은 더욱 강화되었다.

이루지 못한 한국광복군의 선전 포고

1940년 충칭에 정착한 임시 정부는 한국광복군을 창설했다. 그리고 만주에서 한국 독립군을 이끈 지청천을 총사령관으로 임명했다. 한국광복군 창립 소식에 많은 젊은이가 충칭으로 찾아왔다. 일본군 학도병으로 끌려온 사람들 중에서는 탈출하여 한국광복군에 합류하는 사람도 있었다.

일본군 학도병이던 김준엽은 한국광복군에 합류하려고 목숨을 걸고 탈출해 충칭으로 향했는데 장장 6천 리(약 2,400킬로미터)의 먼 길이었다. 김준엽은 이 엄청난 거리를 걸어서 마침내 한국광복군의 일원이 되었다. 역시 일본군 학도병이던 장준하 또한 탈출하여 한국광복군에 합류한 뒤 김준엽과 함께 특별 훈련을 받으며 광복을 위해 노력했다.

1941년 일본이 태평양 전쟁을 일으키자 임시 정부는 "한국 전체 인민은 현재 이미 반침략 전선에 참가하여 그 일원이 되었다. 추축국에 대한 선전을 포고한다"라며 일본에 선전 포고를 했다.

우리나라가 연합국의 일원이 되어 대일전에 참전하게 된 것이다. 그리고 1942년 김원봉이 이끄는 조선 의용대가 한국광복군에 합류하면서 군사력은 한층 막강해졌다.

대한민국 임시 정부는 독립된 국가를 세우려면 다른 나라의 도움이 아닌 우리 힘으로 일본으로부터 항복을 받아 내야 한다고 생각했다. 이에 1943년 영국군의 요청에 따라 미얀마·인도 전선에서 일본군과 맞섰다. 이후에는 미국 전략 정보국과 협력하여 국내에 투입할 유격 요원 훈련에 참여했다. 광복 직전에는 공군 건설 계획도 세우며 국내 진공 작전을 준비했다. 국내 진공 작전은 1945년 8월 20일로 계획되었으나 8월 15일 일본이 연합군에 항복하면서 실현되지 못했다.

국내에서의 독립 준비와 국제 사회의 독립 약속

일본이 전쟁을 시작하며 국내 민중은 인적·물적 수탈의 대상이 되어 최소한의 인간다운 삶조차 보장받지 못했다. 그러나 여러 경로를 통해 일본이 전쟁에서 패퇴하고 있다는 소식이 전해지면서 국내 독립운동 세력 사이에서는 일본이 물러설 날이 멀지 않았으니 우리 스스로 독립에 대비해야 한다는 목소리가 나왔다.

이에 여운형을 중심으로 한 민족 지도자들은 1944년 조선 건국 동맹을 결성했다. 조선 건국 동맹에는 민족주의자부터 사회주의자까지 독립운동가 대부분이 광범위하게 참여했다. 그리고 '일제 타도를 위한 대동단결, 민주주의 국가 건설'을 건국 강령으로 삼았다.

조선 건국 동맹은 1년 동안 활동하면서 지방의 농민, 노동자, 청년 등을 대상으로 하는 열 개 가량의 다양한 조직을 운영했다. 특히 일본군의 전쟁 패배를 위해 후방 교란과 무장봉기 활동을 전개했다. 일례로 농민 동맹은 일제의 징용·공출·군사 물자 수송 등을 방해하고, 국외 독립운동 세력과 연합 작전을 전개하고자 대한민국 임시 정부와의 연계를 모색했다.

이렇듯 국내외에서 대일 항전이 이어지자 연합군을 중심으로 하는 국제 사회에서도 우리나라의 독립에 대한 관심이 싹트기 시작했다. 1943년 11월 미국, 영국, 중국의 대표들은 이집트 카이로에 모여 제2차 세계 대전의 전후 처리를 논의했다. 이 회의에서 각국 대표들은 한국 독립을 약속하는 카이로 선언을 발표했다.

1945년 2월에는 미국, 영국, 소련 등 3개국 대표가 얄타에 모여 회담을 가졌다. 이 회담에서는 소련의 태평양 전쟁 참전을 결정하고 광복을 맞은 민족은 빠른 시일 내에 자유선거를 실시하여 정부를 수립하게 한다는 원칙을 마련했다. 이어서 7월에 열린

포츠담 회담에는 미국, 영국, 중국 대표가 모여 일본에 무조건 항복을 요구하며 카이로 선언에서 결정한 한국의 독립을 재확인하는 포츠담 선언을 발표했다.

연합국들의 이러한 움직임에도 일본은 전쟁을 지속했다. 포츠담 회담이 열린 때에는 일본과 함께 전쟁을 일으킨 이탈리아와 독일은 이미 항복한 상태였다. 이런 상황에서도 일본이 전쟁을 계속하자 미국은 일본의 히로시마와 나가사키에 원자 폭탄을 투하했다. 이에 일본은 1945년 8월 15일 무조건 항복했고 우리 민족은 마침내 광복을 맞이했다.

드디어 제2차 세계 대전이 끝나다

1929년 미국에서 시작된 대공황은 세계 경제에 막대한 충격을 주었다. 그리고 자신의 힘으로 불황을 타개할 방법이 없는 독일, 이탈리아, 일본, 세 나라는 전쟁을 통해 영토를 넓힘으로써 위기를 극복하려 했다.

대공황으로 위기가 찾아오자 세 나라에는 전체주의 정권이 들어섰다. 전체주의란 개인의 자유와 권리보다 국가와 민족을 우선시하는 정치 이념이다. 그런데 이 전체주의 사상에는 국가와 민족을 위해서라면 개인은 희생되어도 되고, 나아가 희생되어야한다는 주장으로까지 확대될 위험한 요소가 내재해 있었다. 그런데도 독일, 이탈리아, 일본의 국민은 전체주의가 나라를 구해줄 것으로 기대하여 전체주의 권력을 옹호했다.

이탈리아는 제1차 세계 대전 승전국이지만 전쟁 후 큰 이득을 챙기지 못했다. 이후 대공황으로 경제적 어려움이 닥치자 무솔리니가 민주주의를 부정하고 일당 독재를 펼치며 애국을 강조하는 파시스트당을 만들어 정계에 진출했다. 그리고 알바니아와 에티오피아를 침공했다. 이러한 무솔리니의 정치는 분명 독재지만, 이탈리아 사람들은 어려움에 빠진 나라를 구하기 위해서는 어쩔 수 없다고 생각했다.

독일도 마찬가지였다. 제1차 세계 대전 후 가장 큰 피해를 입은 독일은 연합국에 갚아야 할 배상금 때문에 경제가 완전히 몰락한 상태였다. 여기에 대공황까지 겹치니 독일인의 삶은 절망에 빠졌다. 그때 등장한 인물이 히틀러다. 히틀러는 독일이 배상금을 지불할 것을 결정한 베르사유 조약을 무시하고 갚지 않겠다고 선언했다. 그리고 제1차 세계 대전으로 빼앗긴 식민지를 되찾기 위해 군대를 키워 나갔다. 독일인은 히틀러에게 열광했다. 히틀러만이 독일을 구해 줄 영웅으로 보였다.

일본 역시 대공황으로 불황에 시달렸다. 더욱이 제1차 세계 대전 이후 영국과의 동맹은 깨지고 우방 미국의 견제까지 받으면서 국제적으로 난관에 봉착해 있었다. 그러한 가운데 대공황까지 터지자 혼란에 빠졌다. 이에 전쟁과 군사력을 가장 중요한 것으로 여기는 군부 및 재벌로 구성된 군국주의자들이 민주주의를 실현하려는 자유주의자들을 몰아내고 정권을 장악했다. 그리고 전쟁으로 위기를 극복하려 했다. 대공황으로 물가 폭등, 식량 부족 등을 경험한 일본인들 역시 군국주의자들을 지지하며 전쟁에 동조했다.

본격적인 전쟁은 독일에 의해 시작되었다. 1938년 히틀러는 범게르만주의를 내세우며 오스트리아를 침략한 데 이어 게르만 주민 300만이 살고 있는 체코슬로바키아의 수데텐 지방을 점령했다. 독일이 이렇게 주변국을 침략했는데도 영국과 프랑스를 비롯한 유럽 국가들은 독일을 달래기에 급급했다. 제1차 세계 대전이 끝나고 20년밖에 지나지 않은 마당에 또다시 대규모 전쟁이 벌어질까 두려웠기 때문이다. 이에 영국과 프랑스는 히틀러로부터 더 이상 침략하지 않겠다는 약속을 받아 내고는 수데텐 지방의 점령을 인정했다.

1939년 히틀러는 약속을 어기고 체코슬로바키아를 공격해 보헤미아와 모라비아 지방을 병합했다. 그리고 폴란드에 단치히 지방을 요구했다. 더 이상 참을 수 없는 영국은 폴란드와 상호 원조 조약을 맺으며 독일의 침략을 인정하지 않았다. 하지만 히틀러는 이에 개의치 않고 선전 포고 없이 폴란드를 침공했다. 영국과 프랑스는 독일에 철군을 요구했지만 응답이 없자 선전 포고를 했다. 이로써 영국과 프랑스를 중심으로 독일의 침략을 저지하려는 나라들이 연합국으로 같은 편이 되고, 추축국 이탈리아와 일본이 독일 편에 서면서 제2차 세계 대전이 발발했다.

이탈리아는 남부 유럽에서, 독일은 중·북부 유럽에서, 일본은 아시아에서 전쟁을 이어 가며 영토를 넓혀 나갔다. 전쟁 초기에는 독일이 유럽을 점령하며 앞서 나갔다. 1940년 독일은 덴마크, 노르웨이, 베네룩스 3국(벨기에·네덜란드·룩셈부르크)을 고작 1주일 만에 차지했다. 1940년 6월에는 파리를 점령하며 프랑스의 자존심을 짓밟았다. 독일은 이제 영국만 점령하면 서유럽을 손아귀에 넣을 수 있었다.

하지만 세계 최강 해군을 자랑하는 영국을 이기기는 쉽지 않았다. 하물며 영국이 개발한 레이더는 독일 전투기의 공격을 막아 내는 역할을 했다. 그러자 히틀러는 소련을 공격했다. 사실 독일은 제2차 세계 대전 발발 전에 소련과 불가침 조약을 맺은 상태라 소련이 공격해 올 걱정 없이 마음 놓고 영국, 프랑스와 싸울 수 있었다. 그러나 히틀러는 소련의 영토마저 점령하기를 원하면서 약속을 깨고 소련을 침공했다.

히틀러의 이 선택은 결국 패착이 되고 말았다. 소련의 혹독한 추위에 독일군은 적응하지 못해 소련 공격은 실패로 끝났다. 독일군이 소련에 눈을 돌린 사이 여유가 생긴 영국은 독일 공격을 체계적으로 준비할 수 있었다. 소련까지 독일에 맞서 싸우게 되어 독일로서는 적만 하나 더 만든 셈이었다.

그때 일본 역시 누구도 예상치 못한 공격을 가했다. 아무 예고 없이 미국의 진주만을 공격하며 태평양 전쟁을 일으킨 것이다. 동남아시아를 점령하려면 언젠가는 미국과 전쟁을 치를 수밖에

없으니 미리 공격을 가해 미국의 힘을 약화시키려는 의도였다. 그런데 일본의 공격은 미국의 군사력에 큰 타격을 주지 못하고 오히려 미국이 연합국의 일원이 되는 결과만 낳았다.

전쟁에서 점차 불리해지자 이탈리아에서는 무솔리니가 실각하고 새로운 정부가 들어서 1943년 9월 연합국에 항복했다. 한편 1944년 6월 6일 노르망디 상륙 작전이 성공하며 연합군은 프랑스에서 독일군을 몰아냈다. 그 여세를 몰아 공격을 퍼붓는 연합군에 독일은 연이어 패배했다. 결국 연합군에 의해 베를린까지 점령당하고 히틀러는 1945년 4월 30일 자살했다. 그리고 5월 7일 독일은 항복했다.

1945년 7월 포츠담에 모인 연합국 대표들은 일본에 항복을 요구했다. 일본은 이를 거절하고 전쟁을 계속하겠다고 선언했다. 이에 같은 해 미국이 8월 6일과 8월 9일 히로시마와 나가사키에 원자 폭탄을 떨어뜨렸다. 이윽고 일본이 1945년 8월 15일 항복하면서 제2차 세계 대전은 막을 내렸다.

제2차 세계 대전은 인류 역사상 최악의 전쟁으로 기록되고 있다. 어림잡아 4천만~5천만 명이 사망했고 다치거나 장애를 갖게 된 사람의 수는 계산조차 불가능하다. 폴란드는 인구의 20퍼센트, 유고슬라비아와 소련은 인구의 10퍼센트가 사망했고, 유대인 약 570만 명이 나치의 강제 수용소에서 죽었다. 동아시아에서는 전투와 폭격으로 수백만 명이 목숨을 잃었으며, 중국에서는 굶주림과 전염병으로 수백만 명이 죽었다. 물질적 피해 역시 엄청나서 관련 국가들이 전쟁에 투자한 돈만 1천조 달러가 넘는 것으로 추산된다.

제2장

대한민국 정부가
수립되다

마침내 독립을 맞은
우리나라는 왜
분단되었을까?

　1945년 8월 15일 일본이 연합군에 항복하면서 우리나라는 일본의 식민 지배로부터 해방되었다. 우리의 독립은 표면상으로는 연합국의 승리에 의한 것이지만 한편으로는 끈질긴 독립운동의 결과였다. 우리 민족은 국내외에서 줄기차게 독립운동을 전개했고 제2차 세계 대전에서는 연합국의 일원이 되어 일본에 맞섰다. 우리는 해방과 동시에 정부를 수립하고 독립된 국가를 세우려 했다. 하지만 미국과 소련의 생각은 달랐다. 미국과 소련은 한반도에서 국가가 수립되어 새로운 출발을 하는 것에 대한 결정권은 자신들이 갖고 있다고 생각했다.

38선이 그어지다

1945년 8월 15일 오전 조선 건국 동맹의 대표자 여운형이 조선 총독부 정무총감의 초청을 받아 조선 총독부를 방문했다. 8월 15일 정오에 일왕 히로히토가 항복 선언을 할 것이라는 사실을 알고 있는 조선 총독부는 여운형에게 행정과 치안 유지권을 넘겨주는 대신 일본인의 안전을 지켜 달라고 요구했다.

여운형은 다음과 같은 다섯 가지 인수 조건을 내걸고 일본과 약속을 체결했다.

1. 전국적으로 정치범, 경제범을 즉시 석방할 것
2. 서울의 3개월분 식량을 확보할 것
3. 치안 유지와 건국 운동을 위한 정치 운동에 절대로 간섭하지 말 것
4. 학생과 청년을 조직·훈련하는 데 절대로 간섭하지 말 것
5. 노동자와 농민을 건국 사업에 동원하는 데 절대로 간섭하지 말 것

정권을 인수받게 된 여운형은 안재홍 등 여러 민족 운동 지도자들을 모아 조선 건국 준비 위원회(줄여서 '건준'이라고 부른다)를 조직했다. 그리고 건준은 안전한 독립 국가 건설, 민주주의 정권

수립, 국내 질서 유지와 대중 생활의 확보를 강령으로 내걸고 활동했다. 전국에 145개 지부를 조직하고 치안대를 설치하여 질서 유지에 힘을 기울이며 독립 국가 건설을 위한 준비에 박차를 가했다.

그때 미군이 한반도에 들어올 것이라는 소식이 전해졌다. 이에 건준은 미군으로부터 정식 정부로 인정받고 협상에서 유리한 입장을 확보하고자 조선 인민 공화국의 수립을 선포했다. 정식 국가 형태를 갖추기 위해 기존의 중앙 조직을 정부 형태로 개편하고 지방의 각 지부도 인민 위원회로 바꾸었다.

한편 원자 폭탄이 투하된 후 일본에 선전 포고를 한 소련은 발빠르게 한반도에 군대를 보냈다. 연해주를 통해 국경선을 넘어 한반도로 들어온 소련군은 8월 24일 이미 평양에 입성한 상태였다. 뒤늦게 이 사실을 안 미국은 걱정에 휩싸였다. 이대로 소련이 한반도 전체를 차지한다면 한국을 소련에 뺏길 수 있다고 생각한 것이다. 그러나 지리적 거리 때문에 당장 한반도에 올 수는 없었다.

이에 미국은 한반도를 반씩 나누어 점령하자고 소련에 제안했다. 그리고 기준선을 어디로 정해야 소련이 받아들일지를 두고 논의에 들어갔다. 위도 39도, 38도, 37도의 의견이 나왔다. 이미 소련군이 한반도에 주둔하고 있는 상태에서 소련의 점령지가 미

1945년 8월 16일 마포 형무소 앞에서 해방의 기쁨을 누리는 사람들(왼쪽). 8월 15일 일왕이 무조건 항복을 선언하는 라디오 방송이 있었는데 라디오가 매우 귀한 데다 알아듣기 어려워 해방되었음을 제대로 모르고 있다가 8월 16일 비로소 사람들은 환호성을 올렸다. 한편 일왕의 항복 방송을 듣고 많은 일본인은 울음을 터뜨렸다(오른쪽)(그림 17, 18).

국 점령지보다 작으면 소련이 제안을 거절할 것이라는 염려 속에서 북쪽의 영토가 조금 더 커지는 위도 38도가 결정되었다. 미국은 소련에게 38도선을 경계로 한 한반도 분할 점령을 제안했고, 소련은 이를 받아들였다. 그렇게 그어진 선이 바로 38선이다.

9월 6일 미군이 한반도에 들어왔다. 이때부터 38선은 남과 북의 임시 군사 경계선이 되어 북쪽에는 소련군이, 남쪽에는 미군이 주둔했다. 한반도에 들어온 미군은 조선 총독부를 접수하고 아널드 소장을 장관으로 삼아 군정을 실시했다. 그리고 미군정만이 38도선 이남의 유일한 정부임을 선언하고는 여운형이 세운 조선 인민 공화국과 김구가 이끄는 대한민국 임시 정부를 인정하지 않았다.

미군정이 임시 정부를 인정하지 않는 바람에 중국에서 활동한 임시 정부 요인들은 대한민국 임시 정부의 이름이 아닌 개인 자격으로 귀국할 수밖에 없었다. 1945년 11월 김구·김규식 등 15명, 그 이틀 후 김원봉·신익희 등 22명이 고국으로 돌아왔다. 입국하는 임시 정부 요인들을 두 눈으로 보고 환영하려는 인파는 어마어마했다. 미군정은 그 모습에서 임시 정부의 명성을 확인하고는 자신들의 정치 행보에 그들을 이용하고자 했다. 그러나 임시 정부가 기존에 수립한 정치 조직을 유지하면서 건국 활동을 펼치려 하자, 미군정은 이를 쿠데타로 간주하고 대한민국 임시 정부를 감시·탄압했다.

이처럼 미군정은 자신들의 조직으로 한반도를 통치해 나가려 했다. 그리고 한국 사정에 어두운 미군정은 조선 총독부 조직을 그대로 활용했다. 기존의 관료와 경찰관 등의 공무원을 이전처럼 근무하게 했다. 그들 대부분은 일제 강점기 시절 관리와 경찰로 근무한 친일파였지만, 미군정은 행정적 편의를 위해 친일파를 처벌해야 한다는 주장을 묵살한 채 그대로 일하게 했다. 이때부터 친일 인사는 친미파로 둔갑하여 특권을 누렸다.

한편 38도선 이북 지역에 들어온 소련군은 미군과 달리 우리 민족이 구성한 인민 위원회를 인정하고 간접 통치 방식을 취했다. 따라서 다양한 독립운동 세력이 활동하고 친일파 처벌도 이

루어졌다. 그러나 소련은 사회주의자인 김일성이 권력을 장악하도록 암암리에 후원하고 있었다. 이에 국내에서 독립운동을 펼친 조만식 등 민족주의 세력은 점차 힘을 잃어 갔다.

이와 같이 독립 국가 수립을 위한 걸음은 남북한 모두 우리의 의지와는 다른 방향으로 흘러갔다.

신탁 지지와 반탁으로 또다시 분열

일본의 패망으로 제2차 세계 대전이 종결되자 연합국 대표들은 전후 처리 문제를 두고 협상에 들어갔다. 1945년 12월 미국, 영국, 소련의 외무 장관이 모스크바에 모여 논의했는데 이를 모스크바 3국 외상 회의라고 한다. 이 회의에서는 일본의 식민지이던 우리나라의 향후 독립 방안도 논의되어 12월 27일 결정문이 발표되었다.

1. 조선을 독립 국가로 재건하여 민주주의 원칙하에 발전시키는 동시에 일본의 가혹한 정치의 잔재를 급속히 없애기 위하여 조선 민주주의 임시 정부를 수립한다.
2. 조선 임시 정부의 구성을 원조할 목적으로 미군과 소련군 대표자들로 공동 위원회를 설치한다.
3. 조선의 발전과 독립 국가의 수립을 원조·협력할 방안을 수

립할 때는 임시 정부와 민주주의 단체의 참여 아래 공동 위원 회가 수행한다. 공동 위원회는 최고 5년 기한으로 4개국 신탁 통치의 협약을 작성하기 위해 미국, 영국, 소련, 중국 4국 정 부가…… 방안을 제출하여야 한다.

위 내용을 요약하면, 첫째 한국의 독립을 위한 민주주의 임시 정부 수립, 둘째 이를 지원하기 위한 미소 공동 위원회 개최, 셋째 독립할 때까지 최고 5년 이내의 미·영·중·소에 의한 신탁 통치 시행이다.

《동아일보》는 이 결정문에 관해 다음과 같이 보도했다.

모스크바에서 개최된 3국 외무 장관 회의를 계기로 조선 독립 문제가 표면화되지 않는가 하는 관측이 농후해져 가고 있다. 즉 번 스 미 국무 장관은 출발 당시에 소련의 신탁 통치에 반대하여 즉 시 독립을 주장하도록 훈령을 받았다고 하는데 3국 간에 어떠한 협정이 있었는지 불명하나, 미국의 태도는 '카이로 선언'에 의하여 조선은 국민 투표로써 그 정부의 형태를 결정할 것을 약속한 점이 있는데, 소련은 남북 양 지역을 일괄한 일국 신탁 통치를 주장하여 38선에 의한 분열이 계속되는 한 국민 투표는 불가능하다고 본다.

— 1945년 12월 29일자《동아일보》

이 기사대로라면 미국의 반대에도 불구하고 소련이 신탁 통치를 주장하여 우리나라는 앞으로 독립이 불가능해진다. 《동아일보》, 《조선일보》를 비롯한 일부 신문이 모스크바 3국 외상 회의의 내용을 이같이 보도하자, 우리나라 사람들은 격분하며 신탁 통치 반대 운동을 나섰다. 그도 그럴 것이 일제 35년간 식민 지배하에서 독립을 꿈꾸어 온 사람들로서는 신탁 통치라는 새로운 형태의 식민 지배를 받아들일 수 없었다. 김구를 중심으로 반탁 운동이 시작되고 이승만이 이에 가세하면서 민족주의 우파 세력 대부분이 반탁 운동에 참여했다.

한편 사회주의, 즉 좌파 세력도 처음에는 반탁 운동에 동참했다. 하지만 모스크바 3국 외상 회의 내용 전체가 알려지자, 좌파 세력은 그 결정을 총체적으로 지지한다는 입장으로 돌아섰다. 그리고 북한의 사회주의 정당 및 사회단체 들도 모스크바 3국 외상 회의 내용에 지지 입장을 표명했다. 이처럼 좌파 세력이 입장을 바꾼 까닭은 그 내용에 대한 정확한 이해가 있었던 데다가 소련의 지시를 받았기 때문이라는 주장이 있다. 소련은 이후 열릴 미소 공동 위원회에서 유리한 주장을 끌어내기 위해 사전에 사회주의 단체들에 모스크바 3국 외상 회의를 지지하도록 독려했다고 한다.

이처럼 모스크바 3국 외상 회의의 내용을 두고 우리 민족은 우

1945년 12월 신탁 통치 반대 운동에 나선 사람들. 수염 있는 할아버지도 어린 학생도 중절모를 쓴 남성도 '신탁 통치 절대 반대'라는 플래카드 아래 모여 시위에 나섰다(그림 19).

파와 좌파가 서로 다른 목소리를 내며 분열하고 대립했다. 우파 세력은 신탁 통치 절대 반대의 기치 아래 민중 대회를 열고, 좌파 세력은 모스크바 3국 외상 회의 결정 지지 운동을 벌였다. 이에 좌우 대립은 격해져 정치 세력 간에 충돌을 빚었다. 그리고 이때 친일파들은 반탁 운동에 동참하여 반소련, 반공산주의를 주장하며 민족주의 세력에 힘을 보태면서 슬그머니 애국자로 탈바꿈했다. 이후 이승만을 비롯한 정치인들은 친일파를 도움받을 수 있는 사람들로 인식하게 되었고 이로 인해 친일파 청산은 더욱 어려운 과제가 되었다.

미소 공동 위원회의 결렬

모스크바 3국 외상 회의의 결정을 두고 좌우 대립이 격렬해진 가운데 미국과 소련은 모스크바 3국 외상 회의 결정 내용을 이행하고자 1946년 3~5월 서울에서 미소 공동 위원회를 개최했다. 이 회의에서 미국과 소련은 한국의 임시 정부 수립에 대해 논의했는데, 임시 정부 수립을 위한 협의에 참여할 단체 결정을 놓고 처음부터 대립했다. 소련은 임시 정부 수립은 모스크바 3국 외상 회의의 결정 내용이므로 거기에 찬성하는 단체만 협의 대상으로 해야 한다고 주장했다. 반면 미국은 신탁 통치안에 반대하더라도 참여를 원하는 모든 단체를 협의 대상으로 해야 한다고 주장했다.

이렇게 두 나라가 상반된 주장을 한 이유는 자기 나라에 유리한 상황을 만들기 위해서다. 제2차 세계 대전이 끝난 후 냉전의 두 축으로 등장한 미국과 소련은 아시아의 거점인 우리나라에 자국을 지지하는 정부가 들어서기를 바랐다. 이때 우리나라에는 민족주의 단체, 사회주의 단체가 모두 있었기에 미국과 소련은 서로 자기 나라에 유리한 정부 수립이 가능하다고 보았다.

하지만 객관적인 상황은 미국에 더 유리했다. 당시 사회단체의 수나 인구 구성비를 보면 민족주의 단체와 그 지지자가 더 많았기 때문이다. 이런 상황을 극복하고자 소련은 모든 단체가 아닌 사회주의 단체만 협의 대상으로 삼으려 했다. 소련이 반탁 운동을 하던 사회주의 단체들에게 모스크바 3국 외상 회의 결정 지지 운동을 하도록 지시한 이유가 여기에 있다. 미소 공동 위원회에서 모스크바 3국 외상 회의 결정을 지지하는 단체만으로 협의 대상을 좁히기 위한 큰 그림이었다.

미국 또한 우리나라에서 물러설 마음이 추호도 없으므로 모스크바 3국 외상 회의 결정 지지 여부와 관계없이 모든 단체를 협의 대상으로 하자고 주장했다. 산술적으로 민족주의 단체가 더 많으니 모든 단체가 참여하여 논의할 경우, 미국에 유리한 결론이 날 수밖에 없기 때문이었다. 이렇게 두 나라는 계산법이 다르고 양보할 생각이 없으니 협상이 이루어질 수 없었다. 결국 미소 공동 위원회는 결렬되고 무기한 휴회에 들어갔다.

일본이 물러나고 식민 지배가 끝나기만 하면 우리 민족의 나라를 세우고 행복하게 살 수 있을 것이라고 기대하던 사람들은 점차 불안해지기 시작했다. 국토 분단, 신탁 통치 결정, 좌우 대립 등 생각지도 못한 일들이 벌어지며 독립과는 무관한 방향으로 정세가 흘러갔다. 새로운 불행이 시작된 것이다.

김일성은 진짜인가, 가짜인가?

1945년 9월 19일 김일성은 원산을 통해 북한에 들어왔다. 만주에서 활동한 김일성이 귀국한다는 소식에 환영 인파가 원산항을 가득 메웠다. 이름은 익히 알고 있지만 실제로 본 적이 전혀 없는 사람들은 김일성이 어떻게 생긴 사람인지 궁금해했다. 이런 기대감 속에 나타난 김일성의 모습에 의아해하는 사람도 있었으나, 영웅 김일성은 환대를 받으며 불과 3개월 만에 북한의 정권을 잡았다. 대체 북한 주민들이 이토록 김일성을 환영한 이유는 무엇이었을까?

'김일성'이라는 이름이 유명세를 타기 시작한 것은 1937년 6월에 발생한 보천보 전투에 관한 기사가《동아일보》에 실리면서부터였다. 보천보 전투는 만주에서 활동하는 동북 항일 연군 제1군 제6사의 일부 병력이 1937년 6월 4일 함경북도 갑산군 혜산진에 있는 일제 관공서를 습격하고 보천보 일대를 일시 점령한 사건이다. 이 사건을 다룬 1937년 6월 6일과 7일자《동아일보》기사에서 보천보 전투를 이끈 대장을 '김일성'이라고 언급했다.

이 사건은 우리 민족에게 희망과 자긍심을 불러일으켰다. 1937년이면 독립군 대부분이 만주에서 밀려 중국으로 갔고 국내에서는 일본이 강요한 전쟁 준비로 모든 것이 어렵기만 하던 때다. 그런데 우리나라 유격군이 우리나라 영토로 들어와 일시적이나마 일본군을 몰아냈다는 소식은 우리 민족에게 독립에 대한 희망을 다시금 안겨 주기에 충분했다. 이 전투를 승리로 이끈 장군 김일성은 이때부터 유명 인사가 되었다. 그리고 김일성 장군의 전쟁 소식은 꾸준히 전해졌다.

그런 김일성이 국내로 들어온다는 이야기에 북한 주민들은 들뜰 수밖에 없었다. 이야기로만 전해 듣던 민족의 영웅 김일성 장군을 직접 볼 수 있다니 흥분하지 않을 수 없었다. 그런 기대 속에 모습을 드러낸 김일성을 직접 본 사람들은 이상하게 여겼다. 1937년부터 부대를 이끌고 싸워 온 김일성 장군이 30대 초반의 나이였던 것이다. 그렇다면 전설과도 같은 보천보 전투는 20대 초반에 이룬 업적이고 풍문으로 떠돌던 일본군과 맞선 업적 모두 10~20대에 이루어진 일이라는 사실이 믿기지 않았다. 하지만 자신이 김일성이라고 주장하니 그저 믿을 수밖에 없었다.

그렇다면 북한의 김일성은 정말 전설 속 김일성 장군일까?

이에 대해서는 크게 두 가지 의견이 있다. 하나는 북한의 김일성은 진짜 김일성 장군이 아닌 김성주라는 의견이다. 소련은 일찍부터 소련에서 사회주의자로 활동한 김성주를 점찍어 두었는데, 유명세를 이용하고자 전쟁 중 전사한 김일성 장군의 이름을 도용했을 것이라는 주장이다. 다른 하나는 북한의 김일성이 전설 속 김일성 장군이 맞다는 의견이다. 보천보 전투를 승리로 이끈 동북 항일 연군은 유격 부대로, 불시에 적을 기습하는 부대의 성격상 어린 나이의 군인들로 구성되었다. 게다가 당시 우리나라의 유격 부대는 주로 10대의 어린 학생들이 많았으니 20대 초반의 김일성이 부대를 이끈 대장인 것은 자연스러운 일이라는 주장이다. 둘 중 어느 것이 진실인지는 김일성 본인만 알고 있겠지만 죽고 없으니 지금으로서는 확인할 길이 없다.

분명한 사실은 김일성은 항일 투쟁의 선봉에 선 독립군의 이름으로 북한에 귀국하여 손쉽게 정권을 잡을 수 있었다는 것이다. 반면 남한에서는 독립을 위해 자신을 희생한 김구를 비롯한 많은 독립운동가가 그에 합당한 대접을 받지 못했다는 점이 안타까울 뿐이다.

총성 없는 전쟁, 냉전 체제

제2차 세계 대전이 끝나고 인류는 평화로운 국제 질서를 만들어 나가는 듯했다. 제2차 세계 대전 당시 연합국은 오로지 전쟁을 빨리 끝내야 한다는 생각에 사회주의 국가 소련의 참전을 적극 환영했다. 하지만 전쟁이 끝난 후 소련도 보상을 받아야 하는데 이는 곧 사회주의의 확산을 의미하는 것이기에 민감한 문제가 되었다.

사회주의와 자본주의 국가 간 갈등이 발생하는 것을 미연에 방지하고자 1944년 영국과 소련의 대표는 회담을 열어 동유럽에서는 소련의 우위를, 그리스에서는 영국의 우위를 지켜 주기로 약속했다. 그런데 폴란드가 사회주의 국가가 되면서 유럽에서 자본주의와 사회주의 세력 간 균형은 무너지기 시작했다. 제2차 세계 대전 당시 소련군이 주둔한 동유럽 국가 즉 체코슬로바키아, 헝가리, 유고슬라비아(세르비아가 주변 나라를 통합하여 만든 나라), 루마니아, 불가리아, 알바니아 등이 차례로 사회주의 국가가 되었다. 게다가 그리스와 튀르키예에서는 사회주의를 지향하는 게릴라들이 정권을 잡기 위해 내란을 벌이면서 자본주의 세력을 위협했다.

이때 미국의 대통령 트루먼은 사회주의의 확산을 막아야 한다고 주장하며 일명 '트루먼 독트린'(독트린은 국제 사회에서 공식적으로 표명하는 한 나라의 정책상 원칙을 가리킨다)을 발표했다.

> 무장한 소수 공산 세력과 이를 지원하며 정복을 획책하는 나라에 저항하는 여러 자유 국가를 지원하는 것이 미국의 정책이 되어야 한다고 믿는다.

미국이 그리스와 튀르키예에 군사적·경제적 지원을 한 결과, 그리스와 튀르기예에서 사회주의 게릴라의 활동이 약화되며 두 나라가 공산화되는 것을 방지할 수 있었다.

트루먼 독트린은 한마디로 말해 미국이 소련을 중심으로 한 사회주의 세력의 확산을 막겠다는 전쟁 선언이나 마찬가지였다. 그러나 소련은 이러한 미국의 전쟁 선언에 아랑곳하지 않았다. 당시 스탈린을 중심으로 굳건한 사회주의 국가 형성과 사회주의의 확산에 자신 있는 소련은 미국과의 승부에 당당히 응했다. 마침내 미국을 위시한 자본주의와 소련을 중심으로 한 사회주의 진영 간 대결의 막이 올랐다. 두 진영이 지속적으로 견제하고 신경전을 펼치는 시기에 돌입했는데, 실제 무기를 들고 전쟁을 치르지는 않았기에 이를 차가운 전쟁이라는 뜻에서 '냉전(cold war)'이라고 부른다. 이 냉전 체제는 1970년대까지 이어졌다.

냉전으로 인한 대립은 정치적 선언에서 끝나지 않았다. 미국이 유럽의 사회주의화를 막기 위해 유럽에 경제적 지원을 하겠다는 '마셜 플랜'을 발표하자, 소련은 '코메콘'이라는 공산권 경제 상호 원조 회의를 구성하여 맞섰다. 미국이 유럽 내 반공 세력에 대한 서유럽 국가들의 집단 방위 기구인 북대서양 조약 기구(North Atlantic Treaty Organization, NATO)를 결성하자, 소련은 사회주의 국가 간 상호 방위 기구인 바르샤바 조약 기구를 구성했다.

미국과 소련이 힘을 강화하고 상대방을 견제하는 냉전 체제에서 양보란 있을 수 없었다. 독일이 서독과 동독으로 나뉘고 우리나라가 남한과 북한으로 분단된 것은 냉전의 결과다. 독일은 통일되고 소련은 무너졌으며 이미 냉전은 끝났다. 그럼에도 우리나라는 여전히 세계 유일의 분단국가로 남아 있다. 냉전은 진즉에 과거사가 되었으나 우리나라의 분단은 현재 진행형인 것이다. 분단을 해소하고 통일을 이룰 수 있는 현명한 해결책이 필요하다.

왜
남한에서만
총선거를
실시했을까?

"이 소식은 내게 희소식이라기보다는 하늘이 무너지고 땅이 꺼지는 일이었다. 수년 동안 애를 써서 참전을 준비한 것도 모두 허사로 돌아가고 말았다."

일본이 연합국에 항복했다는 소식을 들은 김구의 말이다. 우리 힘으로 일본을 쫓아내기 위해 국내 진공 작전을 준비 중이던 김구에게 일본 패망의 소식은 기쁨이 아니라 안타까움으로 다가왔다. 김구는 일본을 우리 힘으로 몰아내는 것과 다른 나라의 도움으로 몰아내는 것의 결과가 크게 다를 것임을 직감하고 있었다. 결국 김구의 예상은 맞았고 우리나라는 일본이 물러난 후 더 큰 혼란에 빠져든다. 그리고 그 혼돈은 김구의 예상보다 훨씬 나쁜 방향으로 흘러갔다.

이승만의 정읍 발언과 좌우 합작 운동

미소 공동 위원회가 결렬되자 독립과 분단을 걱정하는 분위기가 퍼져 나갔다. 우리의 독립 문제에 결정권을 갖고 있는 미국과 소련의 의견이 일치하지 않아 이대로 독립이 미루어진다면 정부를 세울 수 없을지도 모른다는 우려 섞인 목소리가 나왔다. 더불어 두 나라가 그려 놓은 38도선을 경계로 나라가 분단될 수도 있다는 불안감마저 감돌았다.

이때 이 모든 일의 책임이 소련에 있다며 반소와 반공을 외치는 사람들이 등장했다. 그들은 이승만을 중심으로 대한 독립 촉성 국민회라는 단체를 만들어 활동했다. 이승만은 임시 정부의 초대 대통령을 지내고 미국에서 박사 학위를 받았기에 정치인뿐만 아니라 일반 민중에게도 영향력이 높은 인물이었다. 따라서 이승만의 행보 하나하나는 관심의 대상이었다.

그런데 1946년 6월 3일 전라북도 정읍에서 연설을 하던 이승만은 이대로 기다리다가는 정부 수립의 가망성이 없으니 남한만이라도 단독 정부를 수립해야 한다는 발언을 공개적으로 했다. 이것이 '정읍 발언'이다.

이제 무기 휴회된 미소 공동 위원회가 재개될 기색도 보이지 않으며 우리는 통일 정부를 고대하나 여의치 않으니 남방만이라도 임시 정부 혹은 위원회 같은 것을 조직하여 38 이북에서 소련이 철퇴하도록 세계 공론에 호소하여야 될 것이니 여러분도 결심해야 할 것이다.

지금이야 남북한이 분단된 지 오래되어 북한과 만나는 것이 대단한 뉴스거리지만 당시만 해도 분단은 상상조차 할 수 없는 일이었다. 부모님이나 친척이 북한에 사는 경우도 많고 형제가 남북한에 흩어져 사는 일이 히다했다. 이런 상황에서 이승만의 정읍 발언은 큰 충격을 주었다.

독립 국가 건설 문제가 지지부진한 상태에서 이승만이 남북한 분단이라는 최악의 상황을 언급하자, 정치가들이 모여 좌우 합작 위원회를 결성했다. 이들은 독립이 지연되고 분단이 언급되는 까닭은 좌파와 우파의 대립에 있다고 보고 양쪽이 한 발씩 양보하여 통일된 정부를 세워 나가기 위한 좌우 합작 운동을 벌이는 데 의견을 모았다. 중도 좌파의 여운형과 중도 우파의 김규식이 중심이 되어 위원회를 이끌고 양심적 지식인과 학자 들이 참여했다.

사실 좌우 합작 운동은 미군정의 지지하에 이루어진 것이다.

김구(왼쪽)와 박헌영. 우파의 주요 인물 김구는 6·25 전쟁 1년 전 1949년 6월 암살로 세상을 떠났으며, 박헌영은 6·25 전쟁 후 김일성에 의해 숙청되어 처형되었다고 한다(그림 20, 21).

미군정이 여운형과 김규식 등 양쪽 지도자들을 만나 좌우 합작 운동을 시도하도록 주선하여 탄생한 것이 바로 좌우 합작 위원회였다. 미국이 이러한 움직임을 지원한 이유는 미군정에 대한 지지를 끌어내 소련과의 협상에서 유리한 고지를 선점할 수 있을 것으로 판단했기 때문이다. 미군정의 지원에 힘을 얻은 좌우 합작 위원회는 양쪽의 주장을 절충하여 민주주의 임시 정부 수립이라는 최우선 과제 외에 토지 개혁, 민족 반역자 처벌 등에 합의하여 7원칙을 이끌어 내는 성과를 올렸다. 이 소식이 알려지자 대중은 좌우 합작 위원회의 활동에 큰 지지를 보냈다.

그러나 문제점도 있었다. 무엇보다 김구, 이승만 등의 우파 주요 인물과 박헌영을 비롯한 조선 공산당 등 좌파 주요 세력이 좌우 합작 위원회에 참여하지 않은 점이 가장 큰 문제였다. 즉 좌우 합작 위원회에는 중도파 사람들만 참여했을 뿐 우파의 유명 인사나 좌파의 유명 단체는 참여하지 않았다. 따라서 좌우 합작 위원회가 발표한 합의 내용에 좌파와 우파 모두 반대 의사를 밝혔다. 또한 굳이 반대 의사를 밝히지 않은 인사들도 관망하는 태도를 보이거나 우호적이지 않은 태도를 취했다.

이러한 가운데 냉전 상황이 악화되자 미국은 좌우 합작 위원회에 대한 지원을 철회했다. 그뿐 아니라 우파 인사들로만 남조선 과도 입법 의원을 구성하고, 여기에 좌우 합작 위원회의 우파 인사들을 참여시켰다. 이는 분단을 막고 통일 정부 수립을 위해 노력한다는 좌우 합작 위원회의 설립 취지에 맞지 않는 움직임이었다. 이에 좌파 인사들이 탈퇴하면서 좌우 합작 위원회의 활동은 사실상 중단되었다.

설상가상으로 1947년 7월 19일 평소 좌우 합작 위원회의 활동에 불만을 품고 있던 극우 성향의 열아홉 살 한지근이 혜화동 로터리에서 여운형을 암살하는 사건이 일어났다. 결국 좌우 합작 위원회는 해체되고 통일 정부 수립을 위한 노력은 위기를 맞았다.

국제 연합으로 넘겨진 한반도 문제

한반도에서 정부 수립이 난항을 겪고 있는 가운데 1947년 5월 21일 제2차 미소 공동 위원회가 시작되었다. 하지만 제1차 미소 공동 위원회와 마찬가지로 미국과 소련은 임시 정부 수립을 위한 협의 단체의 좌우 비율 문제 등으로 또다시 신경전을 벌였다.

당시 인구는 북한보다 남한이 많았고 당연히 등록 단체 수도 남한이 많았다. 남한 등록 단체의 참여 비율이 높을 경우 불리하다고 생각한 소련은 남한 측 등록 단체 425개를 118개로 줄이고 반탁 운동을 벌이는 정당과 단체는 협의 대상에서 제외할 것을 요구했다. 이 요구 조건을 수용하면 불리하다고 생각한 미국은 '반탁 운동은 표현의 자유'라는 입장을 밝히며 소련의 요구를 거부했다.

의견 조율이 이루어지지 않은 가운데 미소 공동 위원회는 내용의 진전 없이 시간만 보냈다. 두 나라 사이에 협상이 어렵다고 판단한 미국은 한반도 문제를 영국, 중국이 참여하는 4개국 회의에서 결정하자고 제의했다. 그러나 이 역시 불리하다고 판단한 소련은 거부했다. 중국이 아직 공산화되기 전이라 4개국 가운데 사회주의 국가는 소련 하나이므로 당연히 자기편이 없다고 생각한 것이다.

그러자 한반도의 정부 구성에 관한 결정을 국제 연합(United

Nations, UN) 즉 유엔에 이관하자는 미국의 제의 또한 소련은 거절했다. 유엔에서 가장 큰 결정력이 있는 상임 이사국은 미국, 소련, 영국, 중국, 프랑스 이렇게 5개국으로 그 가운데 사회주의 국가는 마찬가지로 소련밖에 없었다. 이렇게 소련이 모든 제의를 반대하는 상태에서 미국은 우리나라 문제를 유엔에 넘겼다. 결국 10월 21일 제2차 미소 공동 위원회는 최종 결렬되었다.

한반도 문제를 넘겨받은 유엔은 인구 비례에 의한 남북한 총선거를 실시하여 통일 정부를 성립시키자는 결의안을 채택했다. 이제 우리나라는 유엔 감독하에 총선거를 실시하고 정부를 수립하게 되었다.

북한의 총선거 거부와 남한만의 선거 결정

유엔의 결정에 따라 1948년 1월 유엔 한국 임시 위원단이 우리나라에 파견되었다. 유엔 한국 임시 위원단은 호주, 캐나다, 중국, 엘살바도르, 프랑스, 인도, 필리핀, 시리아, 우크라이나의 9개국 대표로 구성되고 한국을 방문하여 선거 준비 및 진행 과정을 감시하기로 했다.

이들은 먼저 미군정이 있는 남한 지역으로 들어왔다. 선거 및 정부 수립에 대한 불신이 팽배한 가운데 입국한 유엔 한국 임시 위원단은 정계 인사들과 만나 앞으로의 방향을 논의했다. 이 과정에서 이승만과 김성수는 남한만이라도 선거를 통해 정부를 수립해야 한다는 입장을 전달했다. 반면 김구와 김규식은 유엔 협조 아래 남북한 총선거 및 남북 요인 회담 개최 방안을 모색하자고 제안했다.

남북한 총선거를 위해 유엔 한국 임시 위원단은 북한 지역 방문을 추진했다. 하지만 소련은 총선거 방침에 동의하지 않으며 이들의 입북 자체를 허락하지 않았다. 이처럼 소련이 줄기차게 남북한 총선거를 거부한 이유는 남북한의 인구 비율 때문이다. 지형적 특성상 산지가 많은 북한보다 평야가 많은 남한에 인구가 더 많을 수밖에 없다. 그런데 인구 비례로 총선거를 실시하면 인구가 많은 남한 쪽 후보가 당선될 확률이 높고, 그렇게 되면 소련은 한반도에 자신이 원하는 사회주의 정부를 세울 수가 없으므로 총선거를 거부한 것이다.

소련의 거부로 총선거를 치르지 못하게 되자 유엔은 1948년 2월 유엔 소총회를 열고 한국의 정부 수립 문제를 다시 논의했다. 이에 소총회에서는 한국의 정부 수립을 마냥 미룰 수 없는 데다 남북한 총선거가 불가능하니 선거 감시가 가능한 지역에서만 우선 선거를 실시하는 것으로 결의했다. 여기에서 '선거 감시가 가능한 지역'이란 남한을 의미하는 것이기에 미군정은 5월에 남한만의 총선거를 실시하겠다고 발표했다.

미군정의 발표에 이승만과 김성수 등 일부 지도자는 환영의 뜻을 밝혔다. 그러나 남한만의 선거를 진행할 경우 통일 정부 수립은 더욱 멀어질 것이 분명하여 김구와 김규식 등 대다수 민족 지도자들과 독립운동가들은 남한만의 선거를 막기 위한 행동에 나섰다.

물거품이 된 남북 협상

김구와 김규식 등 민족 지도자들은 남한만의 총선거 실시는 남북이 분단될 위기라고 판단해 이를 저지하려고 했다. 우선 단독 정부 수립에 반대하며 총선거 불참을 선언했다. 또한 북측에 통일 정부 수립을 위한 남북한 정치 지도자 회담을 제안했다.

사실 이 제안은 유엔 소총회가 남한만의 총선거를 결정하기 전에 김구와 김규식이 북한의 김일성과 김두봉에게 제안한 것이다. 북한은 유엔 소총회의 결정이 있기까지 아무런 답을 하지 않고 있었다. 하지만 남한만의 총선거가 결정되자 조선 정당 사회단체 대표자 연석회의를 연다며 김구와 김규식에게 참석을 요청했다. 김구와 김규식은 이러한 상황을 고려할 때 참가하는 것이 북한에 이용당하는 것이라고 판단했다. 그럼에도 김구는 분단을 막을 수 있다면 무엇이든 해 보겠다는 심정으로 참석하기로 했다.

1948년 4월 김구 일행은 38도선을 넘어 평양으로 가서 연석회의에 참가했다. 모든 회의는 짐작하고 우려한 바와 같이 북한의 의도대로 진행되어 김구 일행은 들러리에 불과했다. 김구와 김규식은 4월 26일 연석회의와는 별개로 북한의 지도자 김일성, 김두식과 회담을 가졌고 이틀 후에는 남북 지도자 협의회를 열었는데, 이 과정을 '남북 협상'이라고 한다.

남북 협상에서 남한과 북한 양측은 몇 가지 합의를 끌어내고 공동 성명을 발표했다. '남북 제 정당 사회단체 지도자 협의회 공동 성명서'라는 이름으로 발표된 공동 성명의 내용은 한반도에서 외국 군대 철수, 내전 반대, 통일 정부 수립, 남한만의 단독 정부 수립 반대 등 네 가지였다. 남북 협상 대표단은 이 성명서를 미국과 소련에 제시하고 이행을 요구했다. 그러나 미국과 소련 모두 이 합의안을 받아들이지 않았고 미국은 이미 선거 준비에 돌입하고 있었다. 결국 김구를 비롯한 민족 지도자들의 노력에도 남북 협상은 아무런 성과 없이 끝나고 남한만의 단독 정부 수립과 분단은 현실화되어 가고 있었다.

대한민국 정부는
어떻게
수립되었을까?

독립 후 우리나라는 많은 사람이 우려한 최악의 상황으로 치닫고 있었다. 상상조차 해 보지 못한 38도선 분단에 이어 반쪽짜리 정부가 세워질 위기에 놓인 것이다.

이런 상황은 미국과 소련의 대립이 가져온 냉전의 산물이다. 한 나라라도 더 자기편으로 만들어야 하는 미국과 소련은 상대국이 한반도 전부를 차지하게 두느니 차라리 반만이라도 확보하는 것이 낫다고 생각했다. 이런 이유로 남한과 북한에는 서로 다른 정권이 들어서게 되고 우리나라는 분단이라는 상황에 놓이고 말았다.

우리나라 최초 민주 선거이자 남한 단독 5·10 총선거

미군정은 유엔 소총회의 결의에 따라 선거가 가능한 지역, 즉 남한만의 단독 선거를 준비했다. 1948년 5월 10일 제헌 의원을 뽑는 총선거를 실시하기로 했다. 제헌 의원이란 오늘날의 국회 의원 비슷한 개념으로, 헌법을 제정하며 임기는 2년으로, 국회 의원과는 조금 다른 우리나라 최초의 의원이다.

총선거는 만 21세 이상 모든 국민에게 투표권이 주어졌으며 민주주의의 4대 선거 원칙인 보통, 평등, 직접, 비밀 투표의 원칙에 따라 치러졌다. 오늘날의 선거와 다른 점이 있다면 선거를 하겠다고 사전에 등록한 사람만 선거에 참여할 수 있다는 것이다. 1948년 4월 1일 기준 우리나라의 총인구는 1,994만 7천여 명이었다. 이 중 유권자는 983만 4천 명, 유권자의 79.9퍼센트인 783만 7,504명이 선거에 참여하겠다고 등록했다.

선거에는 여러 정당과 인물 들이 후보 등록을 했다. 그러나 김구와 김규식 등 민족주의 진영의 인사들은 남한만의 단독 선거에 참여하지 않겠다며 후보 등록을 포기했다. 사회주의 진영의 인사들도 남한만의 단독 선거를 비판하며 후보 등록을 하지 않고 선거 반대 운동을 벌였다. 선거 사무소, 관공서 등을 공격해 공무원, 후보자, 경찰관, 시민 등이 죽거나 부상당하는 일이 발생했다.

반면 남한만의 단독 정부 수립을 지지한 이승만은 대한 독립 촉성 국민회를 조직하여 선거에 참여했고, 김성수를 중심으로 미 군정과 긴밀한 관계 속에서 성장한 인사들은 한국 민주당을 조직하여 후보 등록을 마쳤다. 선출할 제헌 의원의 총수는 300명으로 그 가운데 100명은 북한 지역 후보로 구성하자고 합의한 터라 선거에서는 200명의 제헌 의원을 뽑기로 했다. 그러나 제주도의 세 개 선거구 중 두 곳에서 정족수 미달(다수의 유권자가 투표에 참여하지 않았음을 의미한다)로 선거가 진행되지 못해 198명의 제헌 의원이 선출되었다.

우리나라 역사상 최초의 민주 선거인 5·10 총선거에 커다란 관심이 쏠렸고 등록 유권자의 95퍼센트가 참여하는 높은 투표율을 보였다. 물론 해프닝도 있었다. 이때 우리나라에는 글자도 숫자도 모르니 투표를 하고 싶어도 투표하지 못하는 문맹자가 많았다. 그래서 선거에 출마한 후보의 모든 기호는 작대기로 표시했다. 글씨는 몰라도 작대기는 셀 수 있기 때문이다. 후보들은 "작대기 하나 ○○○ 후보입니다", "작대기 두 개 △△△ 후보입니다", 이런 식으로 자신을 홍보했고 홍보 포스터나 투표용지에 후보의 기호를 작대기로 표시했다.

이렇게 치러진 5·10 총선거에서 무소속이 85석, 이승만의 대한 독립 촉성 국민회는 55석, 김성수의 한국 민주당은 29석을 차

지하며 무소속이 가장 많은 당선자를 냈다. 이처럼 무소속 후보
가 대거 당선된 이유는 김구를 비롯한 독립운동 세력은 선거에
출마하지 않은 반면 친일파 출신 후보가 많았기 때문이다. 선거
에 참여한 이승만계와 김성수계 후보 가운데에는 친일파 출신이
다수 있었다. 그들의 과거 행적을 알고 있는 민중은 당연히 그들
에게 표를 주지 않았다. 민족주의 세력이 선거에 출마하지 않아
마땅히 뽑을 사람이 없으니 잘 모르는 사람이더라도 차라리 무
소속 후보가 낫다고 생각하여 표를 몰아주었다. 그 결과 무소속
의원이 가장 많이 당선되는 결과가 빚어졌다.

여기에는 민중들이 미처 알지 못한 꼼수가 숨어 있었다. 사실 한국 민주당에 과거 친일파가 대거 가입했다는 소문이 돌며 선거 전부터 한국 민주당의 이미지는 실추되어 있었다. 이에 한국 민주당에서 탈당하여 무소속으로 출마한 사람이 많았다. 실제로 제헌 의원 가운데 한국 민주당 관련 인사는 70~80명으로 추정된다. 이 같은 사실을 알고 있는 이승만은 자신을 지지하는 세력과 무소속 인사들을 끌어들여 정치 세력을 형성한 덕분에 국회의장에 당선된다.

제헌 헌법의 제정과 대한민국 정부 수립

우리나라 역사상 최초로 선거에 의해 뽑힌 제헌 의원의 가장 중요한 역할은 헌법 제정이었다. 국회는 우리나라 국호를 '대한민국'으로 정하고 헌법을 제정했다. 제헌 헌법에서 우리나라의 정치 형태는 내각 책임제 요소가 가미된 삼권 분립의 대통령 중심제로 정했다. 그리고 대통령은 국회에서 선출하는 간선제로 규정했다.

미국의 제도를 그대로 따라 하여 정치 형태의 기본 틀이 이렇게 규정되었다. 사실 민주주의가 무엇인지 개념조차 충분히 갖고 있지 못한 당시의 의원들은 미국의 제도를 우리나라에 적용하는 수준에서 헌법을 제정했다. 이에 국회 의원과 대통령·부통령의 임기는 4년으로 하고, 대통령과 부통령의 선출은 미국처럼 간선제로 정했다. 제헌 의원의 임기가 2년이므로 추후 국회 의원 선거와 정·부통령 선거는 2년에 한 번씩 교차되는데 이 또한 미국의 방식이었다.

설명을 덧붙이자면 1948년에는 제헌 의원과 대통령 선거가 동시에 이루어지고, 제헌 의원은 임기가 2년이니 2년 후 국회 의원 선거를 하게 된다. 대통령과 국회 의원의 임기는 모두 4년이므로 국회 의원 선거 2년 후에는 대통령 선거, 또다시 2년 후에는 국회 의원 선거, 이런 식으로 2년에 한 번씩 선거를 치르게 되는 셈이다. 미국은 현재도 이렇게 선거를 치르고 있다.

제헌 의회는 1948년 7월 17일 헌법을 공포했다. 1392년 7월 17일 이성계가 조선의 건국을 정식으로 선포한 날을 기리고자 7월 17일을 택했다고 한다. 이때 공포된 제헌 헌법은 "3·1 운동으로 대한민국을 건립하여 세계에 선포한 독립 정신을 계승하여 민주 독립 국가를 재건한다"라고 명시함으로써 대한민국 정부는 대한민국 임시 정부의 법통을 계승하고 있음을 분명히 했다.

헌법에 따라 국회는 정·부통령 선거를 실시하여 대통령에 이승만, 부통령에 이시영을 선출했다. 이승만은 내각을 구성하고 1948년 8월 15일 대한민국 정부가 수립되었음을 국내외에 선포했다. 그해 12월 유엔 총회에서는 대한민국 정부를 '유엔 감시

1948년 대한민국 정부 수립 기념식에서 나란히 선 일본 군정 사령관 더글러스 맥아더와 이승만 초대 대통령. 맥아더는 후에 6·25 전쟁 당시 인천 상륙 작전을 이끈다(그림 22).

아래 선거가 실시된 지역에서의 유일한 합법 정부'로 승인했다. 대한민국은 미국을 비롯한 세계 각국으로부터 합법 정부로 승인받아 드디어 국제 사회의 일원이 되었다.

북한 정권의 수립

광복 직후 북한 지역에서는 정치인들 사이에서 정부를 수립하려는 움직임이 활발하게 전개되었다. 특히 평양에서 조만식을 중심으로 평안남도 건국 준비 위원회가 결성되면서 독립운동 세력이 모여들었다. 또한 북한 지역에 들어온 소련군은 미국과 달리 북한 지역을 직접 통치하지 않았기에 행정권은 각 지역의 인민 위원회에 주어졌다. 이에 인민 위원회가 중심이 되어 행정과 치안을 담당했다.

한반도 주둔 직후 소련군은 좌우 세력이 균형을 유지하도록 했기에 여러 정치 단체가 활동할 수 있었다. 하지만 1945년 12월 조만식 등 우익 세력이 모스크바 3국 외상 회의의 결정에 반대하자 우익 세력을 탄압하기 시작했다. 1946년 2월에는 지역 인민 위원회를 총괄하는 중앙 권력 기구로 북조선 임시 인민 위원회를 출범시키면서 지역 인민 위원회를 사실상 통제했다. 그리고 북조선 임시 인민 위원회의 위원장에 김일성을 앉혔다.

이때부터 북한은 사실상 사회주의 체제를 구축해 나갔다. 북조선 임시 인민 위원회는 1946년 3월 무상 몰수·무상 분배 방식으로 토지 개혁을 실시했다. 이어서 노동법과 남녀 평등법을 시행하고 공장, 광산, 철도 등 주요 산업과 지하자원, 삼림 등을 국유화했다. 이 모든 정책은 소련이 시행한 사회주의 정책을 따른 것으로 소련과 김일성은 북한에 사회주의 정부를 수립하기 위한 기초를 닦았다.

1946년 말 북한 전역에서 선거를 실시하여 북조선 임시 인민 위원회를 북조선 인민 위원회로 개편했다. 또 1947년 말에는 임시 헌법의 초안을 마련하고 1948년 초에는 조선 인민군을 창설하여 사실상 단독 정부를 수립하기 위한 모든 준비를 마쳤다. 김일성은 겉으로는 단독 정부 수립에 반대한다며 김구를 만나 통일 정부 수립을 위한 공동 성명서를 발표했지만, 그것은 보여 주기일 뿐이었다.

남한에서 5·10 총선거가 실시되자, 북한은 곧바로 1948년 8월 25일 최고 인민 회의 대의원 선거를 실시했다. 그리고 얼마 뒤 9월에는 최고 인민 회의를 열어 헌법을 제정하고 김일성을 수상으로 선출했다. 내각을 구성한 김일성은 1948년 9월 9일 조선 민주주의 인민 공화국의 수립을 선포했다.

이상의 행보로 보았을 때 소련과 김일성 모두 실은 통일 정부가 아닌 북한 단독 정부 수립을 원한 것으로 짐작할 수 있다. 소련도 김일성도 한반도 전체의 통일 정부를 수립된다면 정권을 잡을 자신이 없었다. 그러니 한반도 전체를 빼앗기느니 반쪽이라도 차지하는 게 이익이라고 계산한 것이다.

결국 남한의 이승만, 북한의 김일성 모두 통일 정부가 아닌 반쪽짜리 단독 정부 수립을 원한 셈이다. 미국 역시 안전하게 반쪽만이라도 차지하기를 원했다. 다시 말해 권력을 잡은 모든 세력이 민족의 미래보다는 당장 눈앞에 보이는 세력 확장을 더욱 중요하게 여겼다는 뜻이다. 이러한 이해관계는 냉전이라는 국제 질서와 맞물리면서 우리나라를 분단시키고 말았다. 분단 상태가 이렇게 오래 지속되리라고는 아무도 예상하지 못했다.

비극적인 제주 4·3 항쟁과 여수·순천 10·19 사건

제헌 의원 200명을 선출하려던 5·10 총선거에서 제주도 두 선거구에서 정족수 미달로 의원을 뽑지 못하는 사태가 벌어졌다. 바로 제주 4·3 항쟁 때문이다. 4·3 항쟁은 1948년 4월 3일 제주 도민들이 남한만의 선거와 단독 정부 수립에 반대하며 일으킨 민중 운동으로, 상황이 극한으로 치달으면서 선거조차 치를 수 없게 되었다.

4·3 항쟁이 일어난 배경을 이해하려면 1947년 3월 1일의 사건부터 살펴보아야 한다. 1947년 3월 1일 제주도에서 삼일절 기념식 후 시가행진을 하는 도중 아이들이 말에 밟히는 사고가 발생하여 군중과 경찰이 충돌했다. 사과와 보상을 요구하는 군중을 향해 경찰이 총을 발포하면서 사상자가 발생했다. 이에 제주 도민은 항의 시위와 총파업에 들어갔는데, 미군정과 경찰은 극우 성향의 서북 청년단을 앞세워 무자비하게 탄압했다.

이 사건으로 미군정과 제주 도민 사이에 감정의 골이 깊어졌다. 이 와중에 남한만의 단독 선거가 결정되자 사회주의 단체 남로당 제주 지부는 단독 정부 수립 반대, 미군 철수를 주장하는 봉기를 일으켰다. 그날이 1948년 4월 3일이었다. 남로당이 주도한 4월 3일의 시위에 미군정에 반감을 품은 제주 도민들이 가세하면서 대규모 항쟁으로 번졌다. 이 항쟁을 진압하려는 군경과 제주 도민의 무력 충돌로 5·10 총선거 당시 두 개 선거구에서는 아예 선거를 진행하지 못하게 된 것이다.

사건은 여기에서 끝나지 않았다. 이승만은 집권 후 자신의 정권이 들어서는 과정에 흠집을 낸 제주 도민들에게 앙갚음을 했다. 제주 4·3 항쟁을 사회주의자의 반란으로 규정하고 가담자들을 모두 소위 빨갱이로 여겨 제거 작업에 들어갔다. 1948년 말부터 1949년 초까지 추운 겨울에 벌어진 일이다. 제주도에 파견된 군인들은 마을을 돌며 4·3 항쟁에 참여한 사람들을 색출해 죽이기 시작했다. 군인들이 무서워 한라산 자락으로 숨어들자, 해안에서 멀리 떨어진 곳에 사는 사람들은 모두 빨갱이라며 학살을 자행했다.

이때 죽은 사람은 대략 2만 5천 명에서 3만 명으로 추정된다. 당시 제주도 인구가 28만 명이었다고 하니 전체 도민의 10분의 1이 학살당한 것이다. 특히 가장 큰 피해를 입은 북제주군 조천면 북촌리에서는 한 마을의 남녀노소 400여 명이 희생되었다. 가장 피해가 컸던 계층은 성인 남성으로, 군인들이 남자들을 모두 빨갱이로 규정하여 학살하면서 제주도에는 할아버지와 어린 남자아이 빼고는 남자가 없을 정도였다고 한다. 지금도 제주도에는 세 가지가 많다고 하여 삼다도라고 부른다. 그 세 가지는 돌, 바람, 여자인데 여자가 많은 이유 중 하나는 제주 4·3 항쟁 당시 남자들이 몰살당했기 때문이다.

4·3 항쟁의 비극은 여수와 순천 지역으로 이어졌다. 이승만 정부는 제주 4·3 항쟁의 잔여 세력을 진압하기 위해 1948년 말부터 제주도와 뱃길로 가장 가까운 여수와 순천 지역의 군인들을 제주도에 파견했다. 그런데 사회주의 사상을 가진 14사단의 일부 군인이 제주도 파견을 거부하며 군대 내에서 충돌이 빚어졌다. 이를 여수·순천 10·19 사건이라고 한다. 14사단의 군인들은 여수와 순천 지역을 일시 점령했다가 모두 체포되거나 사살되었다.

그 피해는 두 지역의 일반인에게까지 미쳤다. 14사단 군인들을 체포하는 과정에서 진압 군인들은 14사단을 도와준 여수와 순천 지역 사람들은 모두 빨갱이라며 탄압했다. 14사단을 도왔다고 여겨진 사람들은 도망치는 군인이 몰래 밥을 훔쳐 먹으려고 잠시 들른 집의 주인, 너무 힘들고 배고파 보이는 군인에게 먹을 것을 나누어 준 사람 등 그저 일반 주민일 뿐이었다. 사상과는 상관없이 인정을 베풀거나 오히려 군인들에게 피해를 본 사람들이었는데 빨갱이로 규정되어 탄압을 받은 것이다.

제주 4·3 항쟁과 여수·순천 10·19 사건으로 가장 큰 피해를 본 사람들은 군인도 사회주의자도 아닌 일반 민중이었다. 그들은 사회주의가 무엇인지도 모르는 성실하고 순진한 사람들이었다. 하지만 정부와 경찰 및 군인은 그들을 사회주의자로 규정하고 탄압했다. 남한만의 단독 정부가 수립되는 과정에서 사회주의에 대한 반감과 거부감이 팽배해 있는 사회 분위기 때문에 엉뚱한 사람들이 희생양이 된 것이다.

중화 인민 공화국의 성립

제2차 세계 대전이 끝나자 만주 사변과 중일 전쟁을 겪으며 긴 시간 전쟁에 시달려 온 중국에 드디어 평화가 찾아온 듯했다. 그러나 국민당과 공산당 중 누가 중국을 통치할지 결정해야 하는 문제가 남아 있었다. 결국 두 세력 사이에 전쟁이 시작되고야 말았다. 이를 '국공 내전'이라고 한다.

제2차 세계 대전 발발 전부터 중국 국민당과 공산당은 사실상 전쟁을 하고 있었다. 공산당이 존재해서는 안 된다고 생각하는 국민당 총수 장제스는 1927년 4·12 쿠데타를 일으켜 공산당 섬멸 작전에 나섰다. 마오쩌둥이 이끄는 공산당은 국민당보다 세력이 약해 장제스의 공격을 피해 도망 다녀야 했다. 이를 '대장정'이라고 일컫는데 1936년까지 계속되었다. 장제스의 공산당 섬멸 의지는 중일 전쟁으로 중단되었다. 국민당과 공산당은 일본에 맞서야 했기에 힘을 합쳐 일본과 싸우기로 약속하면서 공존하게 되었다.

1945년 일본의 패전이 확실해지자 국민당과 공산당은 서로 다른 정치 구상을 했다. 공산당은 국민당을 포함한 여러 정치 세력 이 연합하여 중국을 이끌어 갈 연합 정부를 구상한 한편, 국민당 은 자신들이 단독으로 주도하는 정부를 구상했다. 둘 사이에는 묘한 긴장이 감돌았다. 이 긴장감은 일본군이 물러나는 과정에 서 국민당 군대와 공산당 군대 간의 작은 전투로 이어졌다.

오랜 전쟁으로 지칠 대로 지친 중국인들은 정치 문제를 두 당 이 평화적으로 해결하기를 희망했다. 미국 또한 평화적 해결을 원했다. 미국 대사가 참석한 가운데 두 당은 충칭 회담을 열어 국 민당의 지도로 정권을 구성할 것과 공산당의 군대를 축소할 것 등에 합의했다. 그러나 국민당은 암암리에 공산당 섬멸 작전을 준비했다. 미국의 중재 노력에도 국민당은 공산당의 근거지를 공격했으며, 미국이 정전 명령을 내렸지만 역시 소용없었다. 결 국 국민당과 공산당은 국공 내전에 돌입했다.

내전 초기에는 국민당이 우세했다. 압도적으로 많은 군인과 미 국이 지원하는 최신 무기를 앞세운 국민당은 공산당의 근거지를 하나하나 점령해 나갔다. 공산당에게는 일본이 버리고 간 낡은 무기가 전부였다. 물량 공세에서 앞선 국민당은 허난·후난·후 베이 등 공산당 우위 지역을 점령하고, 1947년 3월에는 항일 투 쟁 시절부터 공산당의 수도 역할을 한 산시성의 옌안마저 점령 했다. 이렇게 전쟁은 국민당의 손쉬운 승리로 마무리되는 듯했다. 사실 정작 국공 내전에서 국민당이 앞선 것은 초반 1년이 전부였다. 이후 주도권은 공산당이 잡아 나갔다.

단기간에 공산당을 전멸시키려고 무리하게 도시만 집중 공략한 국민당 군대는 쉽게 지쳐 갔다. 게다가 승리를 위해 과도한 징병과 세금 징수, 전비 충당을 위한 화폐 남발로 발생한 물가 폭등 때문에 국민당은 민심을 잃어 갔다. 무엇보다 심각한 문제는 국민당 정부의 부정부패였다. 국민당은 사실상 장씨, 송씨, 공씨, 진씨 일족이 권력을 잡고 있어 서로 부정한 축재를 눈감아 줄 뿐 아니라 자신들은 세금을 내지 않았다. 반대로 농민들에게는 지나치게 무거운 세금을 부과하여 많은 농민이 빈민으로 전락했다. 미국이 지원하는 전쟁 자금도 이 네 일족의 주머니로 들어갔다.

반면 공산당 세력은 1930년대부터 마오쩌둥의 지시 아래 농민의 재산은 바늘 하나도 가져다 쓰는 일이 없을 정도로 민생을 최우선으로 여겼다. 이들은 전쟁의 승리보다 민심을 먼저 신경 써 농민들과 유대 관계를 쌓아 갔다. 이 덕분에 공산당의 세력은 점차 커졌다. 국공 내전 초기에는 국민당의 군인이 공산당보다 네 배 정도 많았으나 내전이 끝났을 때는 공산당 군인 수가 국민당보다 2.5배가량 많았다. 국민당에서는 이탈자가 끊이지 않은 반면, 공산당에는 군 지원자가 꾸준히 늘어났기 때문이다.

결국 공산당의 인기는 전쟁의 판세마저 뒤집었다. 1947년부터 역공에 나선 공산당은 만주, 산시, 산둥 지역을 차례차례 장악하더니 1948년에는 전세가 완전히 역전되어 공산당이 만주 지역 전체와 옌안, 지난 지방을 손에 넣었다. 1949년 1월 31일 공산당은 마침내 베이징에 입성했다. 사실상 창장(양쯔강의 다른 이름) 이남을 제외한 중국 전 지역을 점령한 것이다.

패배를 거듭하자 국민당은 국민당 정부를 유지하는 조건으로 공산당에게 화의를 제안했다. 국민당은 총통 장제스를 하야시키고 부총통 리쭝런을 총통으로 내세우는 등 통합 정부 수립의 의지를 보이며 협상에 임했다.

이에 공산당의 마오쩌둥은 ① 장제스를 포함한 전범자 처벌, ② 민주주의 원칙에 따른 군대 재편성, ③ 관료 자본 몰수, ④ 토지 개혁, ⑤ 매국 조약 파기, ⑥ 반동분자 없는 정치 협상 회의 개최, ⑦ 민주 연합 정부 수립, ⑧ 국민당 정부와 각급 기구의 모든 권력 접수 등 8개항을 제시했다. 하지만 이는 사실상 국민당 정부의 해체를 요구한 것이나 다름없어 결국 1949년 4월 국민당과 공산당의 화의는 결렬되었다.

그 후 공산당은 국민당 정부가 있는 난징을 함락하고 연이어 상하이, 광저우, 충칭, 청두를 점령했다. 공산당의 압박에 근거지를 옮겨 가며 저항한 장제스와 국민당은 1949년 12월 중국 본토를 버리고 타이완으로 도망갈 수밖에 없었다. 이로써 국공 내전은 막을 내렸고 중국 대륙의 주인은 공산당이 되었다.

1949년 마오쩌둥은 베이징에서 중화 인민 공화국의 수립을 선포하고 국가 주석에 취임했다. 타이완으로 도망간 장제스는 중화민국 총통과 국민당 총재가 되어 대만을 이끌었다.

친일 반민족 행위자
처벌은 왜 제대로
이루어지지 못했을까?

일본의 식민 지배에서 벗어나고 3년이 지난 후에야 우리는 독립된 국가를 세울 수 있었다. 비록 반쪽짜리이기는 하지만 역사상 최초로 국민 주권을 바탕으로 하는 민주주의 정부가 들어선 것이다. 이제 일제의 잔재를 벗고 새로운 나라로 도약해야 했다. 그러나 그러기 위해서는 넘어야 할 과제가 하나 있었다. 바로 친일 청산이다.

거센 저항에 부딪힌 반민족 행위 특별 조사 위원회의 활동

해방 후 미군정의 집권으로 친일파 청산이 제대로 이루어지지 못한 것에 많은 국민은 불만을 품었다. 이에 제헌 국회는 1948년 9월 22일 국권 침탈기에 일제에 협력하여 민족 반역 행위를 한 친일파를 처벌하기 위한 '반민족 행위 처벌법'을 공포했다. 이 법에서는 친일 행위를 한 자에 대한 규정 및 처벌이 자세하게 서술되어 있었다.

이 법에 따라 1948년 10월 12일 친일파의 구속과 처벌을 담당할 반민족 행위 특별 조사 위원회(반민 특위)를 구성했다. 국회는 위원장으로 독립운동가 출신 김상덕 의원을 부위원장으로 김상돈 의원을 선출한 다음 특별 재판부, 특별 검찰부, 사무국 등을 구성하고 각 시·도에 지부를 설치했다. 이렇게 모든 준비를 마친 반민 특위는 많은 사람의 응원을 받았다. 친일파가 처벌되기는커녕 미군정의 비호를 받으며 활동하는 모습에 분노를 느낀 사람들은 반민 특위를 통해 친일파에게 정당한 처벌이 내려지기를 바랐다.

반민 특위는 1949년 1월 중앙청 사무실에서 본격적으로 활동을 시작했다. 먼저 친일파를 선정하기 위한 예비 조사에 들어가 7천여 명의 친일파 일람표를 작성했다. 그리고 도피 가능성이 있는 사람부터 체포하기로 했다. 1949년 1월 8일 미국으로 도피하려는 화신 재벌 박흥식을 붙잡았으며, 만주 지역에서 밀정으로 활동했고 반민 특위 반대 운동을 펼친 이종형을 체포했다. 이어

최린, 이승우, 노덕술, 최남선, 이광수 등 널리 알려진 친일파를 잇달아 체포했다. 이처럼 반민 특위가 활기를 띠자 자신이 친일파였다고 자수하거나 친일파의 행적을 증언·제보하는 사람들이 속출하는 등 반민 특위는 국민의 높은 관심과 지지를 한 몸에 받았다.

하지만 대통령 이승만을 중심으로 하는 정부가 반민 특위의 활동을 방해하며 문제가 발생했다. 이승만은 대통령이 된 뒤 경찰로 하여금 남한 단독 정부 수립에 반대한 사람들을 체포하고 처벌하도록 했는데, 경찰 대부분은 친일파 출신이었다. 실제로 반민 특위가 작성한 친일파 명부 3분의 1이 현직 경찰이었다. 상황이 이러니 이승만 대통령 입장에서는 반민 특위가 자신의 수족과도 같은 사람을 잡아가는 것이므로 반민 특위 활동을 거세게 비난했다. 1948년 9월 3일부터 1949년 6월 12일까지 일곱 차례에 걸쳐 발표한 담화의 내용은, 반민 특위의 활동은 비민주적이며 안보가 위급한 지금 가장 중요한 일을 하는 경찰을 동요시켜서는 안 된다는 것이었다. 말하자면 친일파 출신 경찰을 처벌하는 것에 대해 대통령이 비난한 것이다.

사실 그 전에도 반민 특위의 활동을 저지하려는 공작은 있었다. 1948년 10월 서울시경 수사 과장 최난수, 사찰과 부과장 홍택희, 전임 수사 과장 노덕술 등 세 명은 반민족 행위 처벌법 제정에 앞장선 국회 의원 암살을 모의했다. 이 셋은 일제 강점기 고등 경찰 출신으로, 독립운동가를 체포하고 고문한 친일파였다. 이들은 국회 의원 암살을 위해 테러리스트 백민태를 고용했다.

최난수, 홍택희, 노덕술 세 사람은 백민태에게 김웅진, 노일환, 김장렬 등 국회 의원 세 명의 암살을 지시했다. 방법은 간단했다. 공산주의자인 국회 의원 세 사람이 38선을 넘어 북한으로 가려는 것을 발견하고 죽였다고 증언하는 시나리오였다. 그리고 2차로 15명을 암살할 계획도 모의했다. 그러나 노덕술이 반민 특위에 검거된 후 불안해진 백민태가 자수하면서 전모가 드러나 실패했다. 암살은 계획에 그쳤지만 국회 의원 암살을 기도할 만큼 정부와 경찰의 반민 특위 방해 공작은 무시무시했다.

국회 프락치 사건과 반민 특위 습격 사건

이승만 정부는 반민 특위의 활동을 위협적으로 여겼다. 특히 이승만 정부에 충성을 다하는 현직 경찰이 대거 친일파로 분류되자, 대통령 이승만은 여과 없이 불만을 드러냈다. 노덕술이 체포될 때에는 대통령의 이름을 걸고 체포를 막으려 했다. 그럼에도 노덕술이 구속되자 반민 특위를 향한 이승만의 분노는 극에 달했던 것으로 보인다.

이승만 측근이 내세운 논리는 반민 특위가 공산당을 돕고 있다는 것이었다. 반민 특위가 체포한 인사들은 공산주의의 확산을 막고 나라에 봉사하는 애국자들이고, 그들의 구속에 앞장서는 사람들은 공산주의자라는 억지 논리를 폈다. 그리고 그 논리를 완성하기 위해 이승만 대통령과 측근들은 행동에 나섰다.

1949년 5월 20일 일명 '국회 프락치 사건'이 일어났다. 프락치는 '어떤 집단 속의 한 무리'를 뜻하는 러시아 말로서, 우리나라에서는 신분을 숨기고 몰래 활동하는 스파이나 밀정을 가리키는 말로 사용된다. 국회 프락치 사건은 일부 국회 의원이 공산당 프락치에 포섭되어 미군 철퇴와 평화 통일을 주장한다는 이유로 체포된 사건이다.

이때 체포된 의원들은 전부 반민 특위 활동의 법적 근거가 되는 반민족 행위 처벌법 제정에 앞장선 의원들이었다. 또한 이승만 대통령과 그 측근이 추진하는 정책에 불만을 제기하는, 즉 이승만 정권에 눈엣가시 같은 존재였다. 아무런 증거도 없이 그들이 공산당과 접촉했다며 구속되자 반민 특위의 활동은 위축될 조짐을 보였다. 원하지 않는 일을 하면 이처럼 죄를 뒤집어쓰고 구속될 수 있음을 이승만 정권이 보여 주었기 때문이다. 그러나 국회 프락치 사건으로 구속된 의원들을 석방하라며 결의안을 만든 국회 의원도 있었다.

5월 31일 서울 파고다 공원(지금의 탑골 공원)에서 '국민 계몽

협회'라는 단체가 주최하고 회원 200여 명이 참석한 민중 대회가 열렸다. 그들은 구속된 의원들의 석방 결의안에 찬성한 국회의원 88명이 공산당원이라고 주장했다. 그리고 다음 날 반민 특위 본부로 들이닥쳐 공산주의자와 싸운 애국지사들을 잡아간 사람들이야말로 공산주의자라고 주장하며 친일파 구속에 항의했다. 6월 2일에는 600여 명이 국회로 몰려가 반민 특위 해산을 외치며 시위를 벌였다. 이 시위는 서울시경 사찰 과장 최운하와 종로 경찰서 사찰 주임 조응선이 뒤에서 조종한 것이다. 이 사실을 안 반민 특위는 두 사람을 구속했다. 그러자 이번에는 일제 강점기 때 판사를 지낸 내무 장관 장경근, 검사를 지낸 치안 국장 이호, 서울시 경찰 국장 김태선이 반민 특위가 구속한 경찰 간부를 석방하지 않으면 실력 행사를 하겠다고 경고했다.

6월 6일 아침 일곱 시 중부 경찰 서장 윤기병이 인솔하는 무장 경찰대가 반민 특위를 포위하고는 출근하는 반민 특위 위원 35명을 체포했다. 일명 '반민 특위 습격 사건'이다. 물론 이 사건은 이승만이 지시한 것으로 이승만 스스로 인정한 사실이다. 경찰이 반민 특위를 습격한 이유는 이승만이 직접 두 번이나 노덕술의 석방을 요구했으나 들어주지 않았기 때문이라고 한다.

이처럼 이승만 정부의 탄압으로 국회 의원들이 체포되면서 사실상 반민 특위가 와해되자, 국회는 새로운 반민 특위 의원을 선

출하여 활동을 이어 가려 했다. 하지만 6월 21일 제2차 국회 프락치 사건이 발생하여 독립운동가 출신 국회 부의장 김약수와 반민족 행위 처벌법 제정에 앞장선 노일환 의원 등이 체포되는 바람에 반민 특위 활동은 마비되었다. 그때 곽상훈 의원은 반민 특위의 활동이 거의 마무리되었다며 반민족 행위 처벌법 공소 시효를 단축하자는 개정안을 국회에 제출했다. 원래 1950년 6월 20일까지인 것을 1949년 8월 31일로 단축하자는 것으로, 정부의 탄압으로 신변의 위협을 느낀 국회 의원들은 이 개정안을 가결했다.

친일파를 처벌하겠다며 시작된 반민 특위의 활동은 1949년

9월 5일 끝이 났다. 활동 기간 동안 반민 특위의 조사 건수 682건 중 기소된 것은 280건에 불과하고 재판까지 마무리된 것은 겨우 40건이었으며 실형이 언도된 것은 12명에 불과했다. 그것도 사형을 선고받은 김덕기와 무기 징역을 받은 김태석를 제외하고는 징역 1~2년에 집행유예가 전부였고, 이 두 사람도 이후 풀려났다. 해방 후 반드시 해결해야 하는 민족의 과제이자 민중의 염원인 친일파 청산은 이렇게 허무하게 마무리되고 말았다.

김구 피살

이승만이 초대 대통령이 되어 집권하고 있을 때 김구는 정계에서 물러나 있었다. 남한만의 단독 정부 수립에 반대하여 선거에 나서지 않았을뿐더러 함께 활동한 독립운동가들 역시 정치에 참여하지 않았기에 김구의 정치적 영향력은 크지 않았다. 그러나 반민 특위가 구성되고 친일파 청산 작업에 들어가자, 김구의 영향력은 커지기 시작했다. 독립운동의 상징인 김구가 묵묵히 버티고 반민 특위 활동을 암암리에 지지해 주는 것만으로도 힘이 되었다.

반민 특위 습격 사건이 벌어지고 얼마 후 6월 26일 김구는 현역 육군 중위 안두희에게 암살되었다. 안두희는 김구의 숙소이자 집무 공간인 경교장에서 김구를 향해 네 발의 총을 쏘았다. 김구는 그 자리에서 숨을 거두고 안두희는 검거되었다.

그때 김구는 한국 독립당이라는 정당을 만들어 정치 활동을 준비하고 있었다. 사람들 사이에는 1950년 치러질 국회 의원 선거에 김구와 한국 독립당 인사들이 출마할 것이고 1952년 제2대 대통령 선거에서는 김구가 당선될 거라는 이야기까지 돌았다. 그런데 안두희는 한국 독립당 당원으로 가입한 후 반년 만에 정당 노선에 반기를 들고 김구를 살해했다는 것이 국방부가 내린 결론이었다.

국방부는 안두희를 김구에게 소개하고 한국 독립당에 가입하게 한 혐의로 한국 독립당의 조직 부장 김학규를 구속했다. 그리고 7월 2일 이승만 대통령은 한국 독립당의 내분으로 일어난 사건이라는 내용의 특별 성명을 발표했다. 많은 사람이 김구의 암살에는 배후가 있을 것으로 추측했지만 정부와 군 당국은 일축했다. 오히려 안두희를 애국지사로 둔갑시켰다. 7월 20일 군 당국은 최종 수사 결과를 발표하면서 이 사건을 대한민국 정부를 전복하려 한 친공산주의 성격을 띤 한국 독립당의 음모에 맞선 안두희의 '의거'로 규정했다. 심지어 안두희는 재판을 받는 도중 2계급 특진하는가 하면 사건 1년여 만에 형 면제 처분을 받고 군에 복귀하는 특혜를 받았다.

김구 살해범 안두희에게 주어진 이러한 특혜는 일반 상식으로는 이해하기 힘든 일이었다. 김구 살해는 단독 범행이 아니라 다른 누군가의 지시를 받고 행해진 일이고 안두희는 하수인에 불과하다는 의심이 꾸준히 제기되었다는데도 진상 규명은 쉽지 않았다. 4·19 혁명 이후 진행된 진상 규명 위원회의 활동으로 안두희에게 자백까지 받아 내고 제대로 된 처벌을 하려 했으나 법적인 문제로 무산되었다. 40여 년이 지난 1992년 안두희의 육성 증언이 나오면서 국회는 진상 규명을 위한 조사 위원회를 구성했다. 그리고 1995년 〈백범 김구 선생 암살 진상 국회 조사 보고서〉를 작성했다.

이 보고서에 따르면 김구 암살 사건은 우발적 범행이 아닌 면밀하게 준비된 정권 차원의 범죄였다. 안두희의 배후는 군부였다. 안두희의 상관이자 같은 서북 청년단 출신 장은산이 직접 암살을 명령하고 사건 발생 후에는 김창룡 특무 대장, 채병덕 총참모장, 전봉덕 헌병 부사령관 등이 사후 처리를 주도했다. 이들은 모두 일제 강점기에 일본군, 만주군, 경찰로 근무하며 친일 행각을 벌인 인물들이다.

많은 사람이 궁금해한 이승만 대통령의 관련 여부는 파악할 수 없었다. 당시의 모든 상황으로 미루어 짐작할 때 김구 암살은 이승만의 묵인 없이는 어려운 일이었다. 그렇지만 이승만이 직접 김구 암살을 지시하고 안두희에 대한 특혜를 지시했다는 증거는 찾을 수 없었다. 어쨌거나 김구 암살 사건으로 가장 큰 이득을 본 사람은 이승만이다. 반민 특위의 정신적 지주 김구가 죽음으로써 반민 특위 해체가 용이해지고 한국 독립당을 친공 세력으로 몰아 극우 반공 체제를 강화할 수 있었기 때문이다. 그뿐만 아니라 자신의 가장 큰 정적인 김구가 사라져 이승만의 장기 집권이 가능해졌다. 이와 같은 인과 관계를 종합해 볼 때 김구의 암살을 누구보다 바라고 반긴 사람은 이승만이었다고 할 수 있다.

김구 피살로 친일파 청산이라는 민족의 과제 해결은 한층 어려운 일이 되었다. 친일파 청산이 필요한 이유에는 독립운동가들에 대한 보상의 의미도 있었다. 그러나 김구가 암살된 뒤 한국 독립당은 친공 세력으로 둔갑되었다. 그리고 독립운동가는 국가의 전복을 노리는 공산주의자들이고, 과거 친일파들은 나라와 대통령을 위해 일하는 애국자라는 프레임이 만들어지면서 친일파에 대한 처벌은 쉽지 않은 일이 되어 버렸다. 그리고 이 문제는 지금까지 해결되지 않고 있다.

김구를 암살한 안두희는 김구 선생을 존경한다는 시민 박기서에 의해 1996년 10월 23일 피살되었다.

프랑스의 과거사 청산 노력

　우리나라의 친일파 청산에 대해서는 다양한 의견이 있다. 미흡했다는 의견이 압도적으로 많기는 하지만, 일부에서는 더 이상 친일파에 대해 논의하는 것은 불필요하다는 의견도 있다. 각기 나름대로 합리적인 기준과 근거를 제시하고 있어 어느 쪽이 옳다고 결론 내리기는 쉽지 않다. 다만 다른 나라에서는 민족 반역자들을 어떻게 처리했는지 살펴본다면 우리나라의 친일파 청산에 대해 판단하는 데 도움이 될 것이다.

　제2차 세계 대전 당시 4년여 동안 독일의 통치를 받았던 프랑스는 노르망디 상륙 작전으로 나라를 되찾고 난 직후 독일 통치에 협조한 사람들을 처벌하기 시작했다. 당시 프랑스 망명 정부를 이끈 드골은 "국가가 애국적 국민에게는 상을 주고 반민족 행위자에게는 벌을 주어야만 국민을 단결시킬 수 있다", "나치 협력자들의 범죄와 악행을 방치하는 것은 흉악한 종양을 그대로 두는 것과 같다"라며 나치 협력자들을 처벌했다.

　그 결과 12만 명 이상이 재판에 회부되어 약 3만 8천여 명에게 징역형을 부과했다. 사형 선고를 받은 사람만 6천여 명이고 실제 처형된 사람이 1,500명에 달한다. 불과 4년 동안 나라를 빼앗기고 나서 처벌한 인원이 이 정도다.

벨기에와 네덜란드에서도 각각 5만 건 이상의 징역형이 선고되었다. 이러한 처벌이 과한 것인지 적합한 것인지는 알 수 없다. 다만 확실한 사실 하나는 프랑스를 비롯한 유럽 국가들은 현재까지 반민족 행위자 처벌에 대한 논란이 없다. 드골은 국민을 단결시키기 위해 반민족 행위자를 처벌한다고 선언했는데 그 생각이 맞아떨어진 것이다.

물론 우리나라의 상황과 유럽의 상황이 달랐으므로 단순히 비교하는 것은 무의미하다. 그러나 현재 친일파의 후손은 많은 재산을 갖고 잘살고 있는 반면, 독립운동가의 후손은 충분한 보상은커녕 생활고에 시달리고 있다. 어느 정도의 처벌이 바람직한가 하는 문제와는 별개로 최소한 민족을 배신한 사람에게는 철저한 처벌이, 신념을 지킨 사람에게는 정당한 보상이 이루어지는 사회를 만드는 것은 우리가 해결해야 할 숙제다.

제3장

대한민국의
민주주의가 발전하다

남한과 북한은
전쟁을 해야만
했을까?

분단이 되고 남북한에는 각각 정권이 들어섰다. 그 상황은 누구도 원하지 않은 것이어서 대부분의 사람들은 남북한이 통일되어 하나의 정부가 세워지기를 간절하게 바랐다.

문제는 통일 정부를 만들어 낼 방법이었다. 남북한 정부가 합의하여 통일 정부를 세우는 것이 가장 이상적이나, 남북한이 서로 적대시하는 마당에 두 정부의 정상이 만나는 일조차 불가능했다. 그럼에도 많은 대중은 통일을 원했다. 그때 북한은 최악의 방법인 전쟁을 선택했다.

전쟁이 시작되다

1950년 6월 25일 새벽 네 시 북한 군인들이 38선을 뚫고 대대적으로 침략하면서 전쟁은 시작되었다. 6·25 전쟁이다. 이렇게 전면전이 갑자기 벌어지리라고는 전혀 예상하지 못한 남한은 북한의 총공세에 밀려 사흘 만에 서울을 빼앗기고, 7월 말에는 북한군이 낙동강 유역으로까지 밀려 내려오며 곧 남한 전체가 북한의 손아귀에 들어갈 위기에 처했다. 금세 끝날 것 같던 전쟁은 유엔군과 중국군이 들어오며 장기화되어 3년여간 이어졌다. 대체 6·25 전쟁은 왜 발발했을까?

6·25 전쟁 이전에도 38도선 부근에서는 남북한 군사 간의 크고 작은 충돌은 있었다. 북한에는 사회주의 정부가 들어서고 남한에는 민주주의 정부가 들어서면서 남북한 정부는 서로를 적대시했다. 이 대립은 냉전이라는 세계적 흐름과 맞물리면서 남한과 북한 어느 쪽도 밀려서는 안 되는 자존심 싸움으로 번졌다. 남북한 정부가 서로를 비난하는 일이 잦아지면서 38선 부근의 무력 충돌은 끊이지 않았다.

북한은 이때부터 무력으로 남한을 통일하려는 계획을 세우고 소련으로부터 무기를 지원받았다. 또한 공산화한 중국을 찾아가 미국이 전쟁에 개입할 경우 중국도 참전하겠다는 약속을 받았다. 이처럼 소련과 중국의 지원 약속이 있었지만 북한이 전쟁을 결행하기는 쉽지 않았다. 남한과 전쟁을 벌이는 것은 세계 최강 미국과 전쟁을 하는 것이나 다름없기 때문이다.

그때 북한을 자극하는 일이 생겼다. 1950년 1월 미국의 국무장관 딘 애치슨이 발표한 태평양 방위선에서 한반도가 제외되었다(이를 각각 '애치슨 선언', '애치슨 라인'이라고 부른다). 이것은 한반도에서 전쟁이 발발하더라도 미국은 개입하지 않겠다는 뜻으로 풀이할 수 있다. 실제로 미군 전투 부대가 남한에서 철수한 상태였다. 김일성은 전쟁을 일으킬 절호의 기회라고 생각했다. 이에 김일성은 1950년 3월 스탈린과 비밀 회담을 하여 전쟁을 승인받고 지원을 약속받았다. 북한의 입장에서는 모든 전쟁 준비가 끝난 것이다.

북한은 몇 달 안에 전쟁을 끝낼 수 있다는 자신감에 6·25 전쟁을 일으켰다. 전쟁의 목적은 한반도 전체를 사회주의 체제로 통일하는 것이었다. 그리고 전쟁 초반 북한의 계획은 순조롭게 이루어지는 것처럼 보였다.

엎치락뒤치락하는 전세

6월 25일 전쟁을 일으킨 북한은 한 달여 만인 7월 20일 대전을 함락했다. 그리고 7월 말에는 낙동강까지 진출하여 대구, 부산 등 경상도 지역 일부만 남기고 전 국토가 북한군에게 넘어갔다. 남한의 군인들은 낙동강을 사수하기 위해 결사 항전을 벌여 큰 희생을 치렀다. 군인 수가 모자라 제대로 훈련받지 못한 학생과 청년 들이 전쟁에 동원되었다.

유엔 안전 보장 이사회는 북한의 침략 행위를 규탄하고 북한군의 철수를 요청하는 한편 한국을 지원하기 위해 유엔군 파병을 결정했다. 유엔 회원국으로 6·25 전쟁에 자국의 군대를 파병한 나라는 미국, 캐나다, 콜롬비아, 호주, 뉴질랜드, 필리핀, 태국, 남아공, 에티오피아, 영국, 벨기에, 프랑스, 그리스, 룩셈부르크, 네덜란드, 튀르키예 16개국이다. 그리고 군대 파병 대신 의료, 식량 제공 등 민간 구호 활동에 참여하여 간접적으로 지원한 국가들도 있었다.

유엔군은 맥아더 장군을 총사령관으로 하여 북한과의 전쟁을 선포했다. 이미 전세가 상당히 기울어 반격은 힘든 상태에 맥아더와 유엔군이 선택한 것은 인천 상륙 작전이다. 이들은 반격을 하려면 반드시 남한의 수도인 서울을 되찾아야 한다고 보았다. 따라서 인천으로 군대를 보내 서울을 수복한다는 계획을 세웠다. 그런데 우리나라의 서해안은 조수 간만의 차가 커서 배를 타고 들어가 육지에 상륙하는 것이 쉽지 않았다. 시간을 제대로 맞추지 못할 경우, 서울 수복은커녕 군인들이 몰살당할 수도 있었다. 하지만 인천을 공격하는 전술이 최고의 반격이라고 판단한

인천 상륙을 위해 대기하고 있는 미군 보병들. 인천의 자연 조건 때문에 상륙 작전은 강력한 반대에 부딪혔으나 맥아더는 북한도 같은 생각을 할 것이므로 허를 찔러 성공할 수 있으리라 판단했다. 이 작전의 성공으로 북한군의 사기가 떨어져 국군과 유엔군은 약 2주 만에 38도선 이남을 되찾았다(그림 23).

맥아더 장군은 인천 상륙 작전을 감행하여 1950년 9월 15일 성공했다.

인천으로 들어간 유엔군과 국군은 9월 28일 서울을 되찾는 데 성공하면서 전세를 뒤집었다. 서울이 유엔군의 손에 들어오면서 보급로가 끊긴 북한군은 철수할 수밖에 없었고, 국군과 유엔군은 여세를 몰아 북한 지역으로 쳐들어갔다. 북한의 상징 평양과 최대 공업 지구이자 항구인 원산을 점령했다. 계속 치고 올라가 서쪽으로 압록강 유역, 동쪽으로 청진까지 점령하며 전세는 완전히 뒤집혔다. 그대로 밀고 올라가면 한반도 전체를 남한의 민주주의로 통일할 수 있을 것이라는 희망 섞인 분위기가 감돌았다.

그때 중국군이 전쟁에 개입했다. 중국은 6·25 전쟁 전부터 미국이 전쟁에 개입하면 자신들이 나서서 북한을 도와주겠다고 약속한 상태였다. 그에 따라 중국은 10월부터 북한에 군대를 보내기 시작했는데, 엄청난 숫자로 밀려오는 중국군을 막아 내기란 버거웠다. 설상가상으로 겨울이 되면서 국군과 유엔군은 중국군뿐만 아니라 한반도 북부의 매서운 추위와도 싸워야 하는 국면에 처했다. 하는 수 없이 국군과 유엔군은 1951년 1월 4일 서울과 함흥에서 철수를 결정했다. 그리고 북한군과 중국군은 다시 서울을 빼앗고 서울 이남 지역을 차지했다.

심기일전한 국군과 유엔군은 1951년 3월 14일 서울을 되찾고 지금의 군사 분계선 부근까지 밀고 올라가 북한군, 중국군과 대치하는 형국이 되었다. 이때부터 전쟁은 엎치락뒤치락하는 상태가 이어져 어느 한쪽으로 기울지 않은 채 교착 상태에 빠졌다.

이때 소련이 정전을 제안해 1951년 7월부터 전쟁을 끝내기 위한 협상이 시작되었다. 그러나 군사 분계선을 정하는 문제와 포로 교환 방식을 두고 양 진영은 의견 차를 좁히지 못해 협상에 진전이 없었다. 대부분 자신의 의사와 관계없이 징집된 사람이라 이들을 교환하는 방식을 정하기가 쉽지 않았다. 북한과 소련 측은 포로를 무조건 본국으로 송환해야 한다고 주장했다. 반면 유엔군은 포로의 자유의사에 따라 본인이 원하는 곳으로 보내 주어야 한다고 주장했다. 정전 협상은 무려 2년여를 끌었다.

한쪽에서 미국과 소련을 중심으로 정전 협정이 진행되는 동안, 다른 한쪽에서는 남한과 북한이 여전히 싸우고 있었다. 38도선 부근에서는 끊임없이 전투가 벌어져 희생자가 계속 발생했다. 게다가 정전 협정이 체결되는 순간 양측이 대치하고 있는 선을 군사 분계선으로 정한다는 소식이 전해지자, 봉우리 하나라도 더 차지하기 위해 전투는 더욱 치열해졌다. 실제로 6·25 전쟁 당시 사망자 대부분은 정전 협싱이 진행된 그 2년 동안 발생했다.

이 와중에 이승만 대통령은 정전에 반대하며 어느 한쪽이 무너질 때까지 전쟁을 이어 가자고 주장했다. 이 주장이 받아들여지지 않자 일방적으로 반공 포로(공산주의에 반대하는 북한 포로)를 석방하여 정전 협상을 한층 어렵게 만들었다. 결국 자유의사에 따른 포로 교환에 합의하면서 협상은 급물살을 타 이윽고 1953년 7월 27일 정전 협정이 체결되었다.

전쟁이 남긴 것

3년 만에 전쟁은 끝났지만 6·25 전쟁은 남한과 북한 모두에게 아물 수 없는 상처를 남겼다. 6·25 전쟁으로 나라 전체가 전쟁터

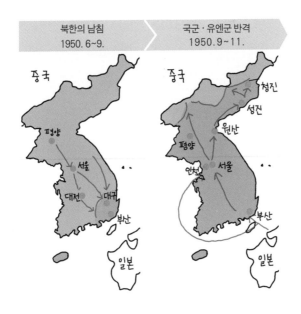

북한의 남침
1950. 6~9.

국군·유엔군 반격
1950. 9~11.

중국

평양
서울
대전 대구
부산
일본

중국

청진
성진
원산
평양
서울
인천
부산
일본

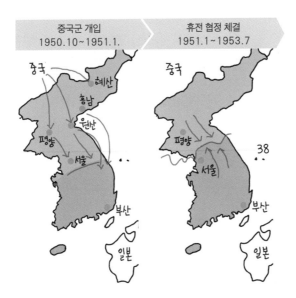

중국군 개입
1950. 10~1951. 1.

휴전 협정 체결
1951. 1~1953. 7

중국

혜산
흥남
원산
평양
서울
부산
일본

중국

평양
서울
38
부산
일본

가 되다 보니 피해가 막대했다. 국토의 황폐화, 산업 시설 붕괴, 인명 피해 면에서 어느 전쟁보다도 심각했다. 인명 피해를 살펴보면 6·25 전쟁 당시 사망자는 최소 300만 명으로 추정된다. 이는 제2차 세계 대전 당시 일본인 사망자 270만 명을 웃도는 숫자다.

2014년 국방부 통계 자료에 따르면 6·25 전쟁으로 인한 사상자의 경우 남한은 군인 62만여 명, 민간인 99만여 명, 북한은 군인 64만여 명, 민간인 150만여 명이다. 이 자료를 보면 민간인 사망자가 얼마나 많았는지를 알 수 있으며, 수많은 전쟁고아와 이산가족이 발생하여 민간인 피해는 현재까지 이어지고 있다.

이러한 직접적인 피해 외에 6·25 전쟁이 가져온 가장 큰 변화는 남북한이 적대 관계가 된 점이다. 전쟁 전까지는 서로를 곧 통일 정부를 수립하여 하나의 나라를 세워야 할 같은 민족으로 생각했다. 그러나 3년여에 걸친 전쟁 동안 싸우고 학살하면서 남한과 북한은 서로를 적대시하게 되었다. 이제 남북한은 통일 정부를 세우기 위해 협동해야 할 가족이 아닌 상대방을 이기고 몰아내야 하는 적이 된 것이다.

전쟁 후 한미 상호 방위 조약을 체결하여 미군은 한반도에 주둔하게 되었다. 또한 전쟁 재발에 대비해 6·25 전쟁 전 10만여 명이던 남한의 국군은 63만여 명이 되었고 군비를 확충했다. 북한 역시 군사력 강화를 위해 노력해 6·25 전쟁 이후 100만 명 이상의 군인을 유지하고 군사비도 증가했다. 이처럼 남한과 북한은 전쟁 이후 군사비로 막대한 돈을 지출하고 있다.

이념 대립도 이어졌다. 6·25 전쟁 이후 남한에서는 반공 사상이 강화되면서 사상의 다원화가 약화되었다. 민주주의는 다양한 생각과 주장에서 발전하는 것인데 획일화된 사상이 강요되면서 민주주의 발전에 저해 요소가 되었다. 또한 대통령의 생각에 반기를 드는 것이 곧 공산주의를 옹호하는 것처럼 인식되면서 독재 정치가 강화될 수 있는 환경이 만들어졌다.

북한에서는 전쟁 실패의 책임을 물어 박헌영 등이 숙청됨으로써 김일성을 견제할 수 있는 세력이 힘을 잃었고, 김일성의 정치에 반기를 드는 것은 남한을 옹호하는 것처럼 여겨지면서 김일성 독재 체제가 시작되었다. 한마디로 6·25 전쟁으로 수많은 군인과 민간인은 직접 피해를 보았고, 남한의 이승만과 북한의 김일성은 독재 체제를 강화하면서 장기 집권할 여건을 만들었다.

종전이 되지 못한 이유, 제네바 회담의 실패

1953년 7월 27일 맺은 정전 협정대로라면 6·25 전쟁은 종결된 것이어야 한다. 하지만 6·25 전쟁은 종결되지 않은 전쟁, 휴전 상태의 전쟁으로 알려져 있다. 왜 그런 것일까?

정전 협정 제60조에는 다음과 같은 내용이 담겨 있다.

> 한국 문제의 평화적 해결을 위하여 쌍방 군사령관은 쌍방의 관계 각국 정부에 정전 협정이 조인되고 효력이 발생한 후 3개월 내에 각기 대표를 파견하여 쌍방의 고위 정치 회담을 소집하고 한국으로부터의 모든 외국 군대의 철수 및 한국 문제의 평화적 해결 등의 문제들을 협의할 것을 이에 건의한다.

이 조항대로라면 정전 협정이 맺어진 후 따로 정치 회담을 통해 최종 합의를 해야 종전이 이루어지는 것이다. 이에 1954년 한국, 북한, 미국, 중국 등 6·25 전쟁 당사국이 참여한 제네바 정치 회담이 열렸다. 이 회담에서는 총선거를 통한 통일 정부 수립, 한반도에서의 외국군 철수 등을 논의했다.

　그러나 냉전이 심화되고 있는 때라 민주주의 국가와 사회주의 국가가 한 자리에 모여 회담을 하기가 어려웠고 합의된 안건이 도출되기는 더욱 어려웠다. 이에 미국과 중국 모두 회의적인 태도를 보여 회담은 결렬되었다. 결국 합의된 종전 선언이 이루어지지 못한 것이다. 이로써 6·25 전쟁은 종결되지 못한 전쟁이 되어 휴전 상태인 채로 오늘날에 이르고 있다.

이승만 정권은 어떻게 무너졌을까?

　　남한만의 단독 정부가 수립되고 민주주의 국가의 초대 대통령이 된 이승만의 정치적 기반은 불안했다. 사실상 독립운동가들로부터 외면을 받던 터라 과거 친일파와 손잡고 유지하는 정권은 그 자체가 약점이 될 수밖에 없었다. 더군다나 첫 선거인 5·10 총선거에 출마하지 않았던 독립운동가들이 두 번째 총선에 출마해 대거 당선되면서 이승만의 입지는 더욱 좁아졌다. 이런 상황이라면 이승만은 제2대 대통령이 될 수 없었다. 그러나 대통령이 되고 싶은 이승만은 무리수를 두었다.

불법 개헌으로 대통령 자리를 이어 가다

1950년 두 번째 총선이 치러져 국회 의원이 대대적으로 교체되었다. 당선된 의원 가운데에는 이승만 대통령에 비판적인 사람들이 많은 데다 전쟁 초기에 발생한 국민 방위군 사건과 거창 양민 학살 사건으로 부정적인 여론이 확산되고 있었다. 국민 방위군 사건이란 국민 방위군 간부들이 군수품을 빼돌리는 바람에 국민 방위군 수만 명이 영양실조에 걸리거나 굶어 죽은 사건이다. 거창 양민 학살 사건은 거창군에서 국군이 공산당과 내통했다는 이유로 마을 주민 570명을 학살한 사건이다. 사건을 일으킨 관련자들은 국회의 결의로 처벌받았으나 이승만 대통령의 특별 사면으로 풀려났다.

이처럼 국회와 이승만 대통령은 서로 불신하고 이승만 정부에 대한 부정적 여론이 높아지면서 이승만이 제2대 대통령으로 당선되지 못할 것이라는 여론이 팽배해졌다. 이때는 국회 의원들이 대통령을 뽑는 간선제로, 반대파가 대거 국회 의원에 당선되었으니 실제로 이승만이 대통령이 되는 것은 어려워 보였다. 하지만 어떻게든 대통령이 되고자 한 이승만은 대통령 직선제 개헌을 시도했다. 국민이 직접 대통령을 뽑는 직선제라면 대통령이 될 수 있다고 생각한 것이다. 대통령 선거는 1952년에 실시될 예정인데 전쟁 중이니 반공을 앞세운다면 국민의 표를 얻을 수 있으리라는 것이 이승만의 계산이었다. 이에 이승만은 자유당을 창당하고 대통령 직선제 개헌안을 국회에 상정했다.

국회 의원들이 이승만의 이러한 셈법을 모를 리 없으므로 국회는 개헌을 부결시켜 버렸다. 이승만이 내세운 직선제 개헌은 좌초될 위기에 놓였다. 직선제를 포기할 수 없는 이승만은 직선제 개헌안을 국회에 다시 상정했다. 이는 명백한 위법 행위다. 민주주의 국가에서는 같은 회기 안에 부결된 법 개정안을 다시 상정하는 것이 금지되어 있다. 이 사실을 알고 있지만 대통령 선거까지 시일이 촉박한 이승만은 직선제 개헌안을 재상정했다.

그리고 이번에는 무조건 통과시키기 위해 임시 수도인 부산 일대에 계엄령을 선포하고는 개헌에 반대하는 야당 의원들을 공산주의자로 몰아 체포했다. 투표가 진행된 임시 국회에는 헌병과 폭력배가 들이닥쳐 국회 의원들을 위협하는 가운데 개헌안이 기립 투표로 진행되었다. 찬성의 표시로 자리에서 일어나지 않았다가는 폭력배들에게 끌려갈 것 같은 위협적인 분위기 속에서 국회 의원들은 어쩔 수 없이 찬성했고 대통령 직선제 개헌안은 통과되었다. 이를 '발췌 개헌'이라고 한다.

새 헌법에 따라 6·25 전쟁 중인 1952년 대통령 선거가 국민 투표로 진행되었고 야당 후보들이 제대로 선거 운동을 하지 못한 가운데 이승만은 제2대 대통령으로 당선되었다. 이렇게 이승

만은 초대, 제2대 대통령을 역임했다. 당시 헌법에 따르면 대통령은 최대 두 번만 할 수 있어 이승만은 더 이상 대통령 후보에 나설 수조차 없었다. 그러나 이승만은 또다시 집권하기를 원했다. 이번에도 헌법을 고쳐야만 했다.

1954년 국회 의원 선거에서 이승만과 자유당은 금품 살포를 앞세운 부정 선거를 통해 자유당 의원이 다수 당선되도록 하여 선거에서 이겼다. 그 여세를 몰아 이승만은 장기 집권을 계획했다. 원래 대통령은 중임 즉 최장 8년까지만 집권 가능하지만 초대 대통령에게는 적용되지 않아 이승만은 임기 제한 없이 집권 가능한 두 번째 개헌을 시도했다. 헌법 개정은 국회 의원 정족수의 3분의 2가 찬성해야 통과되므로 당시 국회 의원 수로 계산하면 135.3명 이상 찬성해야 했다. 투표 결과 135명이 찬성표를 던져 이승만의 꿈은 허사가 되는 것 같았다. 이때 자유당은 135.3명을 반올림하면 135명이므로 헌법 개정안은 통과된 것이라고 억지 주장을 펴 통과시켰다. 이를 '사사오입(반올림의 한자식 표현) 개헌'이라고 부른다.

이는 논리에 맞지 않는다. 135.3은 사람의 수이므로 135.3명이란 136명이다. 이 사실을 알면서도 자유당은 개헌을 밀어붙였고 결국 1956년 3대 대선에서 이승만은 대통령으로 당선되었다.

3·15 부정 선거와 4·19 혁명

12년간 집권한 이승만은 1960년 제4대 대통령 선거에 또다시 출마했으나, 여론은 그리 좋지 못했다. 장기 집권에 대한 염증이 심해지고 젊은 층을 중심으로 부정부패를 일삼는 자유당에 대한 비판 여론이 거세지면서 이승만 대통령의 재선이 쉽지 않을 거라는 전망이 나왔다. 게다가 야당인 민주당의 대선 후보 조병옥 박사의 인기가 높아 이번에야말로 이승만이 낙선할 것이라는 생각이 지배적이었다. 그런데 대통령 선거를 한 달 앞두고 조병옥 박사가 미국에서 병을 치료하던 중 사망하면서 대통령 선거의 유력 후보는 이승만 혼자가 되어 버렸다.

이처럼 이승만의 경쟁자가 사망한 경우는 조병옥이 처음은 아니었다. 1949년에는 이승만의 경쟁자 김구가 암살당했고 이에 이승만은 제2대 대통령 선거에서 쉽게 승리할 수 있었다. 1956년 제3대 대통령 선거에서는 야당의 대권 후보 신익희가 서울 유세를 마치고 광주로 이동하던 도중 기차 안에서 사망하는 일이 벌어졌다. 신익희는 이승만 정부의 실정을 비판하며 인기몰이 중이었는데 갑자기 죽은 것이다. 이 때문에 제3대 대통령 선거에서 이승만은 쉽게 당선되었다. 한편 제3대 대통령 선거에서는 무려 30퍼센트를 득표하며 2위로 치고 올라온 진보당의 조봉암이라는 인물이 있었다. 이후 대선 유력 주자로 거론되었으나 간첩 혐의로 체포되어 1959년 사형되었다. 2011년 이루어진 재심에서 조봉암은 간첩이 아닌 것으로 판결이 내려졌으니 이승만 정권에 죽임을 당한 것이나 다름없다. 이렇게 이승만의 대선 가도에 위협이 되는 인물들은 모두 사망했고 1960년에는 조병옥마저 사망했다.

이들의 죽음에 배후가 존재하는지는 알 수 없다. 어쨌거나 이승만은 1960년 제4대 대통령 선거에서도 무난히 대통령에 당선되었다. 이제 1960년 선거의 관심은 부통령 선거로 쏠렸다. 당시에는 부통령도 투표로 뽑았는데 당시 맞붙은 부통령 후보는 자유당의 이기붕과 민주당의 장면이다. 자유당과 민주당 모두 부통령 선거에 사활을 걸었다.

민주당 입장에서는 조병옥의 사망으로 대통령 후보가 공석이 되었으니 부통령 선거만이라도 승리로 이끌어야 했다. 장면은 1956년 부통령으로 당선된 인물로 국민들의 신망이 컸기에 그만큼 승리할 확률이 높았다. 반면 자유당에서는 당시 여든 살이 넘은 이승만이 아프거나 죽을 때 대통령 역할을 하게 될 부통령 자리를 양보할 수 없어 전력을 쏟았다. 부통령 선거까지 이긴다면 자유당 중심의 독재 정치가 가능했다.

이렇게 치러진 1960년 3월 15일 선거에서 이승만은 88퍼센트, 이기붕은 84퍼센트의 득표로 각각 대통령과 부통령에 당선되었다. 이는 명백한 부정 선거였다. 투표지를 조작하거나 아예 자유당 선거 운동원에게 표를 보여 준 다음 투표함에 넣거나 투표함을 바꿔치기하는 식의 부정 선거가 대대적으로 벌어졌다. 당연히 자유당의 이승만과 이기붕 표가 압도적이었다. 개표가 미처 끝나기도 전에 이승만과 이기붕의 득표 수가 투표한 유권자 수보다 많아져 버린 어처구니없는 일이 벌어졌다.

국민은 분노했다. 국민을 속인 3·15 부정 선거에 반발하며 규탄 시위를 벌였지만 경찰이 강경하게 진압하면서 3·15 부정 선거는 그대로 덮어지는 것처럼 보였다. 하지만 4월 11일 마산 앞바다에서 김주열 학생의 시신이 발견되면서 상황은 일변했다. 김주열 학생은 당시 열일곱 살로, 광주에 있는 집을 떠나 고등학교 입학을 위해 마산에 왔다가 실종된 상태였다. 그런데 김주열 학생의 시신이 눈에 최루탄이 박힌 채 마산 앞바다에서 발견되었다. 경찰이 시위 진압 도중 최루탄을 잘못 발포하여 김주열 학생이 즉사했던 것이다. 이를 은폐하려고 시신을 바다에 버린 사실이 알려지면서 국민들은 격앙했다. 부정 선거를 넘어 이승만 정권의 부도덕함이 드러나면서 더욱 격렬한 시위가 일어났다. 역시나 이승만은 배후에 공산당이 있다며 강경 진압을 예고했으나 사람들의 분노를 잠재울 수는 없었다.

1960년 4월 19일 서울의 중고생과 대학생, 시민이 3·15 부정 선거 무효와 이승만 대통령의 하야를 외치며 시위에 가담했다. 시위대가 대통령이 있는 경무대(지금의 청와대)로 향하자 정부는 비상계엄을 선포했고, 경찰은 시위대를 향해 총을 쏘았다. 이날 하루에만 100여 명의 사망자와 수천 명의 부상자가 발생했다. 시위대는 멈추지 않았다. 4·19 혁명이 시작된 것이다.

이승만의 하야를 외치는 시위가 지속되자 이승만은 부정 선거의 모든 책임을 이기붕에게 돌렸다. 자신은 사실상의 단독 후보로 부정 선거를 할 이유가 없으며 이기붕이 당선되려고 부정 선거를 저질렀다며 사태를 무마하려고 했다. 궁지에 몰린 이기붕과

"민의 학도는 승리했다. 시민들이여 기뻐하라. 학도들이여 기뻐하라" 라고 쓰인 플래카드를 든 선두 뒤로 헤아릴 수 없이 많은 사람이 시위에 나선 4·19 혁명 당시 모습(그림 24).

그 가족은 모두 자살하고 말았다. 그런데도 시위는 진정되기는커녕 참가자가 점점 늘어났다. 급기야 대학교수들까지 시위에 가세하면서 이승만 대통령의 입지는 한층 좁아졌다. 시위대 진압 명령을 받은 군인들마저 중립을 지키자 궁지에 몰린 이승만은 4월 26일 대통령에서 물러나고 미국으로 망명했다.

4·19 혁명은 시민의 힘으로 독재 정권을 무너뜨린 아시아 최초의 혁명이다. 4·19 혁명으로 우리나라의 민주주의는 한 단계 도약했으며 시민들은 자신의 주권을 행사하여 정치를 바꿀 수 있다는 소중한 경험을 갖게 되었다.

박정희는 왜 독재자의 길로 들어섰을까?

 4·19 혁명으로 이승만 독재에서 벗어나 새로운 정치를 시작할 수 있는 기반을 다지고 우리나라의 민주주의는 발전의 계기를 마련했다. 하지만 국민들이 바라는 민주주의는 그리 쉽게 얻어지지 않았다. 이승만 독재에 억눌려 있던 각계각층에서 다양한 요구를 쏟아 내며 새로운 정부가 그 문제들을 해결해 주기를 기대했다. 그러나 기대를 충족시키기에는 우리나라의 정치 수준이 낮았다. 결국 군사 정변이 발생하며 정치는 또다시 변화를 겪고 박정희 정권이 들어선다. 그리고 박정희는 약 20년간 우리나라를 통치했다.

5·16 군사 정변의 발생

4·19 혁명으로 이승만 대통령이 물러나자 우리나라는 의원 내각제로 정치 형태를 바꾸었다. 이승만의 독재에 질린 사람들이 대통령제가 아닌 새로운 정치 체제를 요구했기 때문이다. 선거를 실시해 실질적인 정치 권한이 있는 총리에는 장면이, 권한은 없지만 상징적 존재인 대통령에는 윤보선이 당선되었다. 장면 정부는 민주화와 경제 발전을 국정 과제로 삼고 정치를 시작했다. 지방 자치제 실시, 경제 개발 5개년 계획 등 파격적인 정책을 마련하며 나라를 발전시키려 했다.

그간 이승만 정부에 눌려 목소리를 내지 못하던 각계각층의 민주화 요구는 다양했다. 학생들은 학도 호국단의 폐지를 주장하고 학교 재단은 학원 자율화를 요구했다. 교사와 노동자는 노동조합을 조직했고, 일부 혁신 세력은 한반도의 통일과 영세 중립화를 요구했다. 사실 이러한 요구 사항들이 우리나라에서 실현되기 시작한 것은 1990년대에 이르러서다. 그러니 당시로는 실현되지 못하는 것이 당연했고 혼란만 가중되었다. 게다가 장면 내각에서 계파 갈등이 일어난 탓에 정치적으로 불안감이 커졌다.

장면 정부의 정책에는 평화 통일 정책이 포함되어 있었는데, 남북한 평화 통일을 위한 군비 축소 계획을 발표했다. 아울러 유엔 감시 아래 자유 총선거를 실시해 통일 정부를 수립하겠다

5·16 군사 정변 나흘 후 기자들의 질문에 응하는 박정희(오른쪽). 1961년 5월 16일 새벽 쿠데타 세력은 서울 시내로 진입하여 주요 기관을 점령했으며, 5월 19일 입법·사법·행정의 3권을 행사하는 국가 재건 최고 회의를 조직하고 군사 정부를 수립했다(그림 25).

는 방안도 내놓았다. 그런데 정부는 군인들의 불만을 샀다. 군비를 축소하면 군인 수가 줄어들 것이고 이는 직업 군인의 입장에서 일자리가 줄어드는 것이다. 또한 전쟁을 겪은 후 북한에 적대감이 큰 군인들의 입장에서 북한과 평화적으로 통일을 하겠다는 정책은 정서적으로 받아들이기 힘든 면이 있었다.

이러한 상황에서 박정희를 비롯한 몇몇 군인이 정부의 무능과 사회 혼란을 바로 잡겠다는 명목하에 1961년 5월 16일 군사 정변을 일으켰다. 탱크와 무기를 앞세워 권력을 장악한 군인들은 장면 내각과 의회를 강제로 해산시켰다. 그리고 박정희가 이끄는 국가 재건 최고 회의가 모든 권력을 갖고 정치를 주도하게 되었다. 말 그대로 군사 정부가 수립된 것이다.

군사 정부는 반공, 경제 개발, 사회 안정을 주요 정책 목표로 삼았는데 다음 여섯 가지가 군사 정부가 내세운 혁명 공약이다.

1. 반공을 제1의 국시로 한다.
2. 미국 및 자유 우방과의 유대를 공고히 한다.
3. 부패와 구악을 일소하고 도의와 민족정기를 바로잡는다.
4. 민생고를 해결하고 국가 자주 경제 재건에 총력을 기울인다.
5. 통일을 위하여 공산주의와 대결할 실력 배양에 힘쓴다.
6. 이와 같은 과업이 성취되면 참신하고도 양심적인 정치인들에게 언제든지 정권을 이양하고 우리 본연의 임무로 복귀할 준비를 갖춘다.

이처럼 군사 정부는 정치와 민생이 안정되면 물러나겠다는 약속을 하고 국가를 운영했다. 그러나 이 기간 동안 우리나라의 민주주의는 역행했다. 민간인 학살 진상 규명, 노동 운동, 학원 민주화 운동 등이 모두 중단되고 정치인의 정치 활동 및 통일 운동이 금지되었다. 또한 군사 정부는 정보·수사 기관인 중앙정보부를 만들어 비판 세력을 감시하고 탄압했다.

　군사 정부가 계속 나라를 통치할 수는 없었기에 1962년 대통령 중심제로 헌법을 개정하고 새로운 정치의 시작을 알렸다. 많은 사람이 군인인 박정희가 대선에 나설까 봐 우려하자, 박정희는 군인이 대통령 선거에 나오지 못하도록 하겠다며 안심시켰다. 하지만 비밀리에 민주 공화당을 창당하고 군인을 그만두더니 1963년 대통령 선거에 출마했다. 그리고 민주당의 윤보선 후보를 근소한 차이로 누르고 대통령에 당선되었다.

1960년대 박정희 정권 – 경제 개발에 주력하다

　대통령이 되어 정치를 시작했으나 박정희를 향한 우려의 목소리가 많았다. 무엇보다 군인이 정치를 한다는 것에 불안해했다. 이런 우려와 위기를 박정희 대통령은 경제 개발로 가라앉히려 했다. 먹고사는 게 해결되면 불만은 줄어들기 마련이다. 박정희 대통령은 일단 장면 정부가 마련한 경제 개발 5개년 계획을 이어받아 경제 개발을 이끌려 했으나 자금 부족이 문제였다.

　경제 개발을 위한 자금 마련이 시급한 박정희 대통령은 일본과의 국교 수립을 추진했다. 우리 민족에게 정식으로 사과 한마디 하지 않은 일본과는 국교를 맺을 수는 없다는 것이 국민의 공통된 정서였다. 그러나 경제 개발을 위한 자금을 마련하고자 박정희 대통령은 국민 모르게 한일 국교 정상화를 추진했다. 중앙 정보부 부장 김종필과 일본 외무대신 오히라는 여러 차례 만남을 이어 가며 서둘러 한일 회담을 종결하려고 했다.

1964년 박정희 정부가 일본의 사과와 배상 없이 한일 국교 정상화를 추진하고 있다는 소식이 전해졌다. 국민들은 굴욕적인 대일 외교에 반대하며 박정희 정부 퇴진 운동을 벌였다. 정부는 계엄령을 선포하고 군대를 동원하여 시위를 진압했고 1965년 한일 협정을 체결하여 일본과 국교를 맺었다.

한일 협정에는 한국이 일본으로부터 한반도의 유일한 합법 정부임을 인정받고 경제 협력 자금을 지원받는 대신 한일 청구권 협정을 맺어 식민 지배에 대한 배상 및 보상 문제를 마무리한다는 내용이 포함되었다. 즉 일본은 경제 개발을 위한 돈을 빌려주고, 우리나라는 앞으로 식민 지배 동안의 피해에 대한 배상이나 보상을 요구하지 않겠다는 것이다. 그런데 이 내용이 당시에는 제대로 알려지지 않았다. 일본군 위안부 할머니들이나 강제 징용 피해자들이 일본에 손해 배상을 요구할 때마다 일본은 1965년 한일 협정을 들먹이며 배상 의무가 없다는 주장을 반복한다. 결국 박정희 정부는 일제 강점기 피해자들에 대한 사과와 보상, 배상을 모두 포기하는 대가로 경제 발전 자금을 빌려 온 것이다.

비공식적으로 알려진 바에 따르면 이때 박정희 대통령은 일본 정부에 8억 달러를 요구했다고 한다. 그러나 일본 정부는 3억 달러만 보상금 명목으로 지급하고 5억 달러는 차관 형태로 우리나라에 빌려주었다. 요구한 금액의 절반도 받지 못한 채 일본에 어마어마한 빚을 지고 배상금이나 보상금 지급에도 문제가 될 소지를 남긴 셈이다.

이렇게 돈을 빌려 왔지만 경제 개발 비용은 턱없이 부족했다. 그때 베트남 전쟁이 일어났고 미국은 우리나라에 베트남 파병을 요청했다. 이에 박정희 정부는 베트남 파병을 시작했고 1966년에는 주한 미국 대사 윈스럽 브라운을 만나 이른바 브라운 각서를 체결하며 추가 파병을 결정했다. 브라운 각서에 따라 우리나라는 추가로 파병하는 대가로 국가 안보와 경제 발전에 필요한 장비와 기술, 자금을 지원받을 수 있었다.

사실 베트남 파병은 박정희 정부가 미국에 먼저 제안한 것이었다. 박정희는 대통령이 되기 전 국가 재건 최고 회의 의장 시절 미국을 방문하여 베트남에 한국군을 파병하겠다고 제안했다. 처음에 미국은 이 제안을 거절했으나 베트남 전쟁이 확대되면서 우리나라에 파병을 요구했다고 한다. 이처럼 박정희 대통령이 베트남 파병에 적극적이었던 가장 큰 이유는 경제 발전을 위한 자금 마련이다. 실제로 베트남 파병으로 우리나라는 미국으로부터 자금을 지원받았을 뿐만 아니라 파병된 군인의 국내 송금, 군수 물자와 건설 사업의 수출로 외화를 벌어들였다. 경제 발전 측면에서 베트남 파병은 합리적 선택이었다고 할 수 있다.

그러나 문제점도 많았다. 수많은 사상자가 발생한 것은 물론 고엽제 피해자가 속출했다. 우리 군인들의 베트남 민간인 학살이나 마을의 초토화 등 민간인 피해에 대한 책임, 베트남 전쟁 시기 한국인과 베트남인 사이에 태어난 한국인 2세인 라이따이한 등의 문제가 발생했다. 이 문제들에 정부는 책임을 지지 않았고 민간 차원에서는 해결하기 어려우므로 해결해야 할 과제는 여전히 남아 있는 셈이다.

국제 관계를 통해 자금을 마련한 박정희 정부는 경제 개발을 추진했다. 1962년부터 경제 개발 5개년 계획을 추진하여 공업 발전, 사회 간접 자본 확충, 기업 활동 지원, 수출 확대 등을 이루었다. 이 기간에 정부 주도로 경제 개발이 이루어졌고 이를 담당하는 기업에 지원을 확대했다. 오늘날 우리가 알고 있는 대기업 상당수가 이때부터 성장했다. 이러한 노력으로 우리나라는 높은 경제 성장률, 1인당 국민 소득 증가 등 경제적 성과를 달성할 수 있었다.

1970년대 박정희 정권 – 장기 집권과 독재의 길로 들어서다

1960년대 경제 발전의 공헌을 인정받아 1967년 제6대 대통령 선거에서도 박정희가 당선되었다. 이로써 박정희 대통령은 8년 간 대통령을 역임했고 헌법에 따라 다음 대선에는 출마할 수 없 었다. 하지만 박정희는 대통령에서 물러나고 싶지 않았다. 이에 대통령을 세 번까지 할 수 있다는 3선 개헌을 추진했고 사회 각 층의 반발에 부딪혔다. 헌법을 바꾸면서까지 대통령 선거에 출마 하는 모습에서 이승만 대통령을 떠올린 국민과 야당은 박정희가 영구 집권을 하기 위해 3선 개헌을 시도하는 것이라며 반대했다. 이에 박정희 정부는 북한과의 대치 상황에서 국가 안보를 위해 서는 군인 출신 대통령이 최선의 선택이라며 3선의 필요성을 역 설했다. 그리고 1969년 9월 14일 새벽 2시 50분경 야당 의원들 을 따돌리고 국회 별관에서 날치기로 3선 개헌을 통과시켰다.

편법을 동원해 성사된 1971년 제7대 대통령 선거에서는 여당 후보 박정희와 야당 후보 김대중이 맞붙었다. 박정희는 국가 안보 와 경제 개발을 내세우며 지지를 호소하고, 김대중은 영구 집권 방지와 정권 교체를 내세우며 지지를 호소하고 통일과 안보 분야 의 새로운 정책을 제안했다. 선거는 박빙이었고 박정희 53.2퍼센 트, 김대중 45.3퍼센트의 득표로 박정희가 당선되었다. 관권 선 거, 금권 선거가 만연하고 각종 부정 선거가 가능했기 때문에 선 거는 여당 후보에게 유리했다. 이런 상황에서 이 정도의 득표가 나왔다는 것은 김대중이 이긴 것이나 다름없었다며 많은 사람은

선거에서는 김대중이 이기고 투표에서 박정희가 이겼다는 이야
기를 했다.

이러한 투표 결과와 항간에 떠도는 이야기들에 박정희 대통령
은 심기가 불편했다. 이 상태가 이어진다면 정권의 정당성마저
흔들릴 수 있다고 생각했다. 더구나 변화된 세계 정세는 박정희
대통령의 입지를 더욱 좁게 만들었다. 박정희는 북한과의 대치
상황에서는 자신처럼 군인 출신 대통령이 필요하다는 논리를 펴
왔다. 그런데 1970년대 들어 미국과 중국이 교류를 하고 냉전 체
제가 흔들리다 보니 박정희 대통령의 논리는 힘을 잃기 시작했

다. 이에 박정희 대통령은 새로운 헌법을 만들어 나라의 정치 구조를 완전히 바꾸었다. 이른바 유신 헌법을 제정한 것이다.

유신 헌법의 가장 큰 특징은 대통령의 권한 강화다. 유신 헌법에 따르면 대통령의 임기는 6년이고 중임 제한을 없앴기에 당선되기만 하면 언제까지고 대통령을 할 수 있었다. 그리고 국민이 아닌 통일 주체 국민 회의라는 기관에서 대통령을 선출하는데 통일 주체 국민 회의의 의원은 사실상 박정희가 뽑았다. 이 헌법대로라면 박정희는 죽을 때까지 대통령을 할 수 있게 되는 것이다. 실제 1972년 유신 헌법에 따라 치러진 대통령 선거에서 박정희는 99.9퍼센트의 지지를 얻어 당선되었다.

국회 의원의 3분의 1은 대통령이 추천했고 대통령이 국회를 해산할 수도 있었다. 또한 대통령에게는 긴급 조치 발동권이 주어져서 언제든 대통령의 권한으로 영장 없이 국민을 체포하고 군법 회의에 회부하여 처벌할 수 있었다. 이는 유신 헌법에 반대하는 국민을 처벌하기 위한 조치였다. 대학생들이 유신 헌법 반대 운동을 펼치자 긴급 조치를 내려 정학 및 퇴학으로 처분하고 최고 사형까지 가능하도록 했다. 자유와 민주주의를 지키기 위한 활동은 반정부 운동 혹은 친북 세력으로 몰려 처벌받았다.

유신 헌법으로 박정희 대통령의 독재가 시작되자, 사회 각계각층에서는 유신 헌법 반대 운동이 시작되었다. 재야 운동가 장준

하가 100만인 서명 운동을 벌이자 종교인과 문인 들은 지지 선언을 했다. 대학생들은 전국 민주 청년 학생 총연맹(줄여서 '민청학련'이라고 부른다) 이름으로 박정희의 독재 정치를 비판했다. 이에 정부는 학생들이 정부를 전복하려 했다며 체포하여 실형을 선고했다. 이 사건으로 종교인까지 체포되자 천주교와 기독교 등 종교계도 유신 반대 운동에 나섰다. 1976년에는 재야 인사와 종교계 인사가 모여 3·1 민주 구국 선언을 발표했다.

박정희 정권은 이러한 민주화 움직임을 사법 기관과 공권력을 이용해 탄압했다. 1974년 벌어진 인민 혁명당 재건 위원회 사건에서는 관련자 여덟 명에게 사형을 선고하고 불과 18시간 만에 사형을 집행했다. 2007년 열린 재심에서 이들은 모두 무죄를 선고받았으니 억울하게 죽임을 당한 셈이다. 유신 반대 운동을 보도한 신문사를 탄압하기 위해 기업에 압력을 넣어 광고를 싣지 못하게 했다.

이처럼 박정희 정권의 독재와 인권 탄압은 도를 넘었지만 이를 저지할 방도가 없었다. 유신 헌법 체제 아래에서 박정희는 죽을 때까지 대통령을 할 수 있었기에 독재 정치는 끝나지 않을 것처럼 보였다. 그리고 정말 박정희 대통령은 죽을 때까지 대통령을 했다. 하지만 박정희의 독재 정치는 어느 누구도 예상하지 못한 뜻밖의 사건으로 막을 내렸다.

다양성을 억제한 독재 정치 시대의 문화

독재 정치는 우리나라 문화 발전에 저해 요소가 되었다. 정부는 장발과 미니스커트가 퇴폐 풍조를 조장한다며 가위와 자를 들고 단속에 나섰다. 젊은이들의 흥겨운 문화가 열심히 일하는 농민들의 의욕을 떨어뜨린다며 야외에서 춤을 추거나 노래를 부르는 행위도 금지했다.

대중가요는 무조건 건전하고 명랑해야 한다면서 검열을 강화해 이런저런 이유로 금지곡을 지정했다. 지금도 많은 사랑을 받고 있는 노래 〈이루어질 수 없는 사랑〉은 비관적이라는 이유로, 〈고래 사냥〉은 "술 마시고 노래하고 춤을 춰 보아도 가슴에는 하나 가득 슬픔뿐이네"라는 가사가 허무주의를 조장한다는 이유로 금지곡이 되었다. 심지어 〈왜 불러〉라는 노래는 제목이 반말이라는 어이없는 이유로, 〈키다리 미스터 김〉은 키가 작은 박정희 대통령의 심기를 불편하게 한다는 이유로 금지되었다.

민족 문화 예술을 강조하며 외국 문화의 수입에도 제동을 걸었다. 외국 영화는 퇴폐적이라는 이유로 수입을 제한하고 외국 음

반도 검열을 거친 후 수입했다. 몇 년 전 크게 유행한 그룹 퀸의 대표곡 〈보헤미안 랩소디〉는 보헤미아가 공산권 국가인 체코슬로바키아의 지명이기 때문에 금지곡이 되어 퀸의 앨범은 〈보헤미안 랩소디〉가 삭제된 채 수입되는 웃지 못할 일도 있었다.

이처럼 박정희 독재하에서는 문화조차 정부가 정해 준 틀 안에서 소비해야 했기에 다양성이 부족해 그만큼 우리나라의 문화 발전에 장애가 되었다.

고엽제 등의 문제를 남긴 베트남 전쟁

세계 곳곳에서 일어났던 수많은 전쟁 가운데 빈번하게 언급되는 전쟁 중 하나가 베트남 전쟁이다. 미국이 개입하여 패한 전쟁이기도 한 베트남 전쟁에는 우리나라 군인도 파병되었으므로 익숙한 사건이다. 하지만 오랜 기간 계속된 데다가 과정이 복잡하다 보니 베트남 전쟁을 제대로 이해하기는 쉽지 않다.

우선 제2차 세계 대전 종결 당시 베트남이 어떤 상황에 놓여 있었는지를 알아야 한다. 제2차 세계 대전 이전 베트남은 프랑스 식민지였다. 프랑스 식민 지배에 맞서 베트남에서 독립운동을 이끈 대표 인물은 호찌민이다. 지금까지도 베트남 사람들이 가장 존경하는 인물인 호찌민은 1945년 제2차 세계 대전 종전 후 베트남의 독립을 전 세계에 선포했다.

그러나 프랑스가 베트남의 독립을 인정하지 않아 두 나라 사이에는 전쟁이 벌어졌다. 이 전쟁은 1954년까지 지속되었다. 화력 면에서는 프랑스가 앞섰으나 강한 독립 의지를 지닌 베트남 사람들은 물러서지 않았다. 결국 1954년 프랑스군이 디엔비엔푸 전투에서 치명타를 입으면서 전세는 베트남 쪽으로 기울었다. 베트남과 프랑스는 1954년 7월 제네바 협정에서 프랑스군이 철수를 약속하고 전쟁을 마무리 지었다.

그런데 이 과정에서 문제가 생겼다. 베트남의 독립을 이끈 호찌민과 베트남 독립 연맹은 사회주의 세력임을 표방했다. 이때 베트남 북부 지역은 호찌민의 사회주의를 지지한 반면, 프랑스의 영향력이 강한 베트남 남부의 상당수 주민은 사회주의를 거부했다. 이에 제네바 협정에서는 북위 17도선을 경계로 북베트남과 남베트남으로 분단하고 2년 이내에 총선거를 치러 통일 정부를 수립하기로 결정했다.

북베트남은 호찌민이, 남베트남은 고딘디엠이 이끌었다. 당시 베트남에서 호찌민의 인기는 대단했다. 호찌민은 베트남의 독립운동을 이끈 최고의 독립운동가이자 사회 개혁가로 청렴하고 평생을 조국을 위해 노력한 사람이었다. 반면 고딘디엠은 탐욕스러운 사람이었다. 과도하게 세금을 걷고 베트남의 전통 종교인불교를 탄압했다. 특히 고딘디엠은 자신의 통치를 강화하고자 전통적인 방식으로 선출된 마을 회의를 폐지하고 정부가 임명한 행정관을 통해 통치했는데, 행정관들이 전횡을 일삼아 국민의 반감을 샀다. 당연히 남베트남 주민 중에는 호찌민의 북베트남을 지지하는 사람이 늘어났다.

상황이 이러한 가운데 제네바 협정에서 권고한 총선거 실시일이 다가왔다. 이런 분위기라면 선거에서 질 것이 뻔하다고 생각한 남베트남은 총선거를 거부하고 1955년 남베트남 단독으로 베트남 공화국 수립을 선포했다. 이를 명백한 협정 위반이라고 생각한 남베트남 사회주의 단체인 남베트남 민족 해방 전선(일명 '베트콩')은 남베트남 정부에 저항하기 시작했다. 남베트남 내에서 남베트남 정부와 베트콩 사이에 내전이 벌어진 것이다.

북베트남은 사회주의 단체인 베트콩을 지원하고 미국은 남베트남 정부를 지원하면서 전쟁의 긴장감은 커져만 갔다. 북베트남도 미국도 전쟁의 전면에 나서기를 꺼렸다. 전쟁의 주체는 남베트남 정부와 베트콩인 데다가 이때는 냉전 시기여서 자칫 전쟁이 확대될 것을 우려했기 때문이다.

그러던 중 1964년 통킹만 사건이 벌어졌다. 통킹만은 북베트남에 위치한 곳인데, 그곳에 정박해 있던 미군 함정을 북베트남이 공격한 것이다. 두 차례의 공격 가운데 제1차는 북베트남이 공격한 것이 맞지만, 제2차는 미국이 조작한 사건이라는 보고서가 미국 내에 존재할 정도로 의구심이 남는 사건이다. 미국은 통킹만 사건을 계기로 베트남전에 정식으로 참전했다. 그리고 우리나라를 포함한 미국의 우방국은 남베트남에 군대를 보냈고, 중국과 소련이 북베트남을 지원하면서 베트남 전쟁은 국제전의 양상을 띠어 갔다. 미국과 우방국들의 참전은 제한적이었다. 혹여나 전쟁이 확대되어 제3차 세계 대전으로 번질 수도 있으므로 미국은 베트콩 섬멸에 목적을 두고 남베트남 내에서 전투를 벌이며 북베트남 정부 및 그 뒤에 있는 소련, 중국과의 전면전은 피했다.

베트콩은 정부도 아니고 첨단 무기를 갖고 있지도 않은, 그저 남베트남 정부에 저항하는 사회주의 단체에 불과했다. 하지만 세계 최강 미국의 대규모 군대는 베트콩의 저항을 당해 내지 못했다. 남베트남의 자연환경은 울창한 밀림, 늪지대, 끈적끈적한 아열대 기후 등 그간 미군이 경험한 적 없는 것이었다. 미군에게는 모든 게 낯설고 어려웠지만 베트콩에게는 자기 집처럼 익숙했다. 화력에서 밀리는 베트콩은 유격전을 펼쳤다. 개미처럼 땅을 파서 집을 지어 생활하고, 함정을 만들고, 마을 사람인 양 위장하고 숨어 있다 미군을 공격했다. 생전 듣도 보도 못한 원시적 무기 앞에 미군은 쓰려져 갔다. 6개월 만에 승리할 것이라고 장담한 미국의 베트남 내전 개입 기간은 점점 길어졌다.

미국의 개입으로 베트콩을 지원할 정당성을 확보한 북베트남은 베트콩에 대한 지원을 늘렸다. 전쟁이 생각처럼 풀리지 않자 미국은 무리수를 두기 시작했다. 민간인을 학살하거나 고엽제를 살포하는 등 비인간적 행위를 서슴지 않았다. 예상을 뒤엎는 베

베트남 전쟁에 반대하는 반전 시위를 벌이는 미국의 대학생들. 1965년부터 시작된 반전 시위는 1969년 수백만 명이 참여하는 대규모 시위로 발전했다. 이 반전 운동은 미국이 베트남에서 철군하게 된 이유 중 하나다(그림 26).

트콩의 공격 패턴에 미군은 불안한 나머지 노이로제가 걸릴 지경이었다. 이러한 전쟁 양상이 언론을 통해 알려지자 미국 내에서는 연일 반전 시위가 벌어졌다. 전쟁으로 더 이상 얻을 것이 없다고 판단한 미국은 결국 1973년 파리 평화 협정을 맺고 베트남에서 미군이 철수하기로 결정했다.

그러나 베트남 전쟁이 끝난 것은 아니었다. 베트남 내전은 애초에 베트남 통일을 위한 전쟁이었기에 북베트남 정부는 전쟁을 계속했다. 미군 철수 후 이어진 북베트남의 총공세에 1975년 수도 사이공이 함락되면서 남베트남 정부는 무너졌다. 결국 1976년 베트남 사회주의 공화국의 수립을 전 세계에 선포했다.

미군은 베트남 전쟁에서 엄청난 양의 네이팜탄을 사용했는데, 네이팜탄은 반경 30미터 이내를 불바다로 만들고 사람을 타 죽게 하거나 질식하여 죽게 한다. 현재는 사용이 금지된 무기다(그림 27).

이렇게 베트남 전쟁은 끝났지만 그 영향은 어마어마했다. 베트남의 영향으로 라오스와 캄보디아는 연이어 사회주의 국가가 되었다. 미국이 뿌린 폭탄으로 베트남뿐만 아니라 라오스 지역에는 지금도 터지지 않은 폭탄이 주민들을 위협하고 있다. 베트남 전쟁에 참전한 미군 상당수는 전쟁의 공포와 스트레스로 정상적인 생활을 할 수 없었다. 그뿐 아니라 미국이 뿌린 고엽제 때문에 죽거나 알 수 없는 병에 시달리고 유전적인 문제가 생겨 기형아가 태어났다. 고엽제 피해는 베트남에 파병된 우리나라 군인들에게도 나타났다. 베트남 전쟁은 미국과 그 우방국에도 크나큰 상처를 남겼다.

우리나라의
민주주의는 어떻게
발전해 왔을까?

　1961년 5·16 군사 정변으로 권력을 잡은 박정희 정권은 1979년 까지 지속되었다. 무려 19년 동안 한 사람이 정치의 최고 책임자 가 되어 집권한 것이다. 특히 1972년 유신 헌법이 제정되고 시작 된 독재 정치로 민주주의는 크게 후퇴했다. 그런 박정희 정권이 1979년 10·26 사태로 무너지자 군사 정권도 끝나는 것처럼 보 였다. 하지만 기대와 달리 또 다른 군사 정부가 들어서면서 국민 들은 민주주의를 위해 항거했다. 1980년대에 벌어진 민주주의 운동은 오늘날 우리나라 민주주의의 밑거름이 되었다.

박정희 정권의 몰락

1978년 총선에서 야당인 신민당이 박정희는 공화당보다 높은 득표율을 획득했다. 이는 박정희 독재를 향한 국민들의 분노가 반영된 결과다. 석유 값이 급등하여 우리나라는 무역에서 어려움을 겪었다. 그간 경제 발전을 내세워 정권의 정당성을 홍보해 온 박정희 정부에 닥친 경제 위기는 곧 정치 위기로 이어졌다.

그런 가운데 1979년 8월 가발을 만들어 수출하는 YH무역이 사원들에게 월급을 주지 않다가 일방적으로 공장을 폐업하는 일이 벌어졌다. 당시에는 몇 달씩 월급이 밀린 채 폐업하고 사장이 돈을 챙겨 도망가는 불법 폐업이 많았다. 한순간에 월급을 떼이고 직장까지 잃은 YH무역의 여성 노동자들은 억울함을 해결해 달라며 야당인 신민당 당사에서 농성을 벌였다. 이를 사회 불안을 가중시키는 바람직하지 못한 일로 간주한 박정희 정부는 농성 중인 여성 노동자들을 강제로 진압했다. 신민당 당수 김영삼이 박정희 정부의 폭력적인 농성 진압에 항의하자, 박정희 대통령은 김영삼을 국회 의원에서 제명해 버렸다.

이 사건은 부산과 마산 지역 주민들을 분노케 했다. 김영삼은 만 25세에 우리나라 역사상 최연소 국회 의원이 된 인물로 이 기록은 아직 깨지지 않고 있다. 경상남도 거제 출신인 김영삼은 경상남도를 대표하는 정치인이자 차기 대권 주자로 거론되는 거물

급 정치인이었다. 그런 정치인을 국회 의원에서 제명하자, 가뜩이나 박정희 정부에 불만이 많던 부산과 마산 지역의 주민들은 유신 철폐와 독재 반대를 외치며 격렬한 시위를 펼쳤다. 이를 '부마 민주 항쟁'이라고 한다.

부마 민주 항쟁의 대응 방법을 두고 박정희 정부 내에서는 상반된 의견이 나왔다. 대통령 경호실장으로 권력의 최고봉에 있는 차지철은 강력 진압으로 정권의 힘을 보여 주고 다시는 그런 시위가 발생하지 않도록 해야 한다는 의견을 제시했다. 반면 중앙정보부 부장 김재규는 강력 진압에 나설 경우 반발이 심해질 수 있으니 이번에는 양보하고 온건하게 문제를 해결해야 한다고 주장했다. 박정희는 차지철의 의견을 수용했다.

이때 김재규는 불안과 불만을 동시에 느꼈다고 한다. 박정희 대통령의 최측근이면서도 차지철에게 밀렸다는 불안과 평소 차지철의 과장된 언행 및 월권 행위에 대한 불만이 극에 달했다. 김재규는 1979년 10월 26일 박정희 대통령, 차지철 경호실장과의 식사 자리에서 권총을 쏘아 박정희와 차지철 두 사람을 모두 죽이고 말았다.

이것이 10·26 사태다. 누구도 무너뜨릴 수 없을 것 같던 박정희 정권은 이렇게 한순간 무너지고 말았다. 그것도 자신이 가장 신뢰하던 최측근에 의해서였다.

국민의 분노를 불러온 신군부의 등장과 5·18 민주화 운동

박정희 대통령의 죽음은 사람들에게 충격을 주었다. 20년 가까이 나라를 통치하던 지도자가 측근의 총에 숨졌다는 소식에 국민들은 놀라움과 슬픔에 빠져들었다. 그리고 한편으로는 드디어 군사 독재가 끝나고 민주주의가 시작될 것이라는 기대를 품었다. 통일 주체 국민 회의는 당시 국무총리 최규하를 새로운 대통령으로 선출했다. 이제 새로운 정치가 시작되는 듯했다.

그러나 모두의 기대와 달리 1979년 12월 12일 전두환과 노태우 등의 신군부 세력이 쿠데타를 일으키고 군사권을 장악했다. 전두환과 노태우는 사조직인 하나회를 앞세워 최규하 대통령의 승인 없이 군 수뇌부를 강제로 연행하고 그 자리를 측근들로 채웠다. 그리고 박정희 대통령의 사망으로 내려진 계엄령을 계속 유지하면서 헌법 개정을 지연하는 등 최규하 대통령을 압박하며 정치에 개입했다.

이 사실은 1980년 3월이 되어서야 서울에 있는 대학가를 중심으로 알려지기 시작했다. 전두환과 신군부의 쿠데타 및 정치 개입이 결국에는 정권을 잡기 위한 포석이라고 판단한 학생들과 민주 인사들은 신군부 퇴진, 계엄령 철폐, 유신 헌법 폐지 등을 요구하며 시위에 나섰다. 이 민주화 운동은 1980년 5월까지 지속되었는데 이것이 '서울의 봄'이다. 신군부는 시위를 주도하는 대학생들이 모이지 못하도록 대학에 강제 휴교령을 내렸다. 5월 17일에는 국회 기능을 사실상 정지시키고 김대중 등 정치인과 재야 인사 들을 체포했다. 그리고 비상계엄을 전국으로 확대하며 민주화 운동을 탄압했다.

대학이 폐쇄되어 고향으로 돌아간 대학생들에 의해 서울에서 있었던 일이 알려졌다. 인터넷이 발달하지 않고 방송에서는 정권의 변화에 관한 내용을 전하지 않고 있어 신군부의 쿠데타에 관해 잘 모르고 있던 지방 사람들은 분노했다. 그렇지만 신군부의 비상계엄 조치와 탄압으로 민주화 시위는 점차 축소되어 갔다. 하지만 또다시 군사 정권이 들어서는 것을 막아야 한다고 생각한 광주 지역의 대학생들은 민주화 시위를 계속했다. 여기에 시민들이 합세하여 신군부 퇴진과 비상계엄 철폐를 외쳤다.

광주 시민과 학생 들의 시위를 진압하기 위해 5월 18일 신군부는 광주에 계엄군을 투입했다. 신군부가 공수 부대까지 투입하여 무자비하게 진압하자 그 광경을 지켜보고 분노한 더 많은 시민이 시위대에 합류하면서 오히려 시위는 확산되었다. 민주화에 그다지 관심이 없던 시민들까지 주변 사람들이 무자비하게 폭행당하는 장면을 목격하면서 시위에 가담했고, 버스 기사들은 버스로 바리케이드를 만들어 사람들을 보호했다. 5월 21일 계엄군은 시민들을 향해 발포하여 수많은 사상자가 발생했다. 계엄군이 잔혹한 폭행과 살상을 일삼았고 이에 맞서기 위해 시민들은 스스로 무장하여 시민군을 조직했다.

광주에서는 이처럼 전쟁과도 같은 끔찍한 상황이 벌어지고 있었으나 다른 지역에서는 전혀 알지 못했다. 계엄군은 교통과 통신을 완전히 차단하여 광주를 고립시켰고 언론은 광주에서 불순분자들이 폭동을 일으켰다는 왜곡 보도를 했다. 북한의 간첩이 광주 시민을 포섭해 폭동을 일으켰다고 보도까지 나왔다. 무선 통신 기기가 없던 시기 유일한 통신 수단인 유선 전화가 끊기고 광주와의 차량 통행이 금지되자, 다른 지역 사람들은 광주의 실상을 알 도리가 없었다.

이러한 어려움 속에서도 광주 시민들은 스스로 치안과 질서를 유지했다. 시민 수습 대책 위원회는 자발적으로 시민군의 무기를 회수하고 계엄군과 협상하여 평화적으로 해결하려 했다. 그러나 5월 27일 계엄군은 헬기와 탱크까지 동원하여 전라남도 도청에 남아 있는 시민군을 학살했다. 이로써 열흘간의 5·18 민주화 운동은 막을 내렸다.

5·18 민주화 운동이 발생한 지 40년이 지났지만 현재도 진실 공방이 이어지고 있다. 분명한 사실은 무고한 시민이 계엄군에 의해 학살되었고 시신조차 찾지 못한 사람들이 많다는 것이다. 당시 학살된 사람들은 군인도 간첩도 아니었다. 다섯 살 어린아이

부터 예순이 넘은 노인까지 다양한 연령대, 다양한 직업의 사람들이 계엄군이 쏜 총에 맞아 죽었는데 그들이 왜, 어떻게 죽었는지 알지 못하는 경우가 부지기수다. 나라의 군대는 국민을 지키기 위한 존재인데 1980년 5·18 민주화 운동 당시 군인들은 국민을 학살하고 그 사실을 은폐했다. 이 사실 하나만으로도 신군부의 폭력성과 비도덕성은 증명된 것이라 할 수 있다.

신군부에 저항한 5·18 민주화 운동은 이후 전개된 민주화 운동의 원동력이 되었다. 5·18 민주화 운동을 직접 겪은 광주 시민들과 몰래 취재한 외국 기자들의 자료에 의해 5·18 민주화 운동은 서서히 실체를 드러내, 그 진상을 알게 된 사람들이 민주화 운동에 앞장서면서 1980년대 후반부터 우리나라의 민주화 운동은 활기를 띠게 되었다. 5·18 광주 민주화 운동은 필리핀, 타이완 등 아시아 여러 나라의 민주화 운동에도 영향을 주었다. 또한 5·18 민주화 운동의 기록물은 2011년 유네스코 세계 기록 문화유산으로 등재되었다.

용기 있는 시민의 힘 6월 항쟁

5·18 민주화 운동을 진압한 신군부는 국가 보위 비상 대책 위원회를 만들어 국정을 장악했다. 국가 보위 비상 대책 위원회는 신군부의 정권 장악에 도움되는 일은 허용하고 그렇지 않은 일

은 철저히 탄압했으며, 언론사를 통폐합하여 신군부의 관리하에 두었다.

또한 사회 정화를 목적으로 한다며 삼청 교육대를 만들었다. 삼청 교육대는 조직 폭력배, 깡패 등 사회 질서를 어지럽히는 사람들을 순화한다는 명목을 내세웠으나 일반인들까지 가두고 폭행함으로써 공포 분위기를 조성해 여론을 통제했다. 이후 전두환은 최규하 대통령을 강제로 물러나게 하고 통일 주체 국민 회의를 통해 대통령으로 선출되었다. 이때부터 전두환은 7년간 대통령으로 재임했다.

정권의 출범에 여론이 좋지 않았기에 전두환은 당근과 채찍을 구사하며 권력을 유지했다. 중고생의 교복과 두발 자유화, 야간 통행금지 폐지, 해외여행 자유화, 프로 스포츠 출범 등 유화 정책을 펼쳐 국민의 불만을 잠재우려 했다. 겉으로는 국민을 위한 정책을 펼치는 척하면서 여전히 민주화 운동을 탄압하고 민주화 운동 주도 인물을 체포했다. 이런 일이 세상에 알려지지 않도록 언론을 장악하고 모든 기사를 사전에 검열하고 단속했다. 그러나 권력형 비리 사실이 드러나며 전두환 정권의 실체가 점차 밝혀지기 시작했다.

권력을 이용해 비자금을 확보하고 민주화 운동을 탄압하며 국민을 속인 일들이 하나둘 수면 위로 떠오를 때쯤 전두환 정권의 폭력성을 보여 주는 일이 연이어 터졌다. 1986년 민주화 운동을 하던 여성 노동 운동가가 부천 경찰서에 체포되어 성 고문을 당한 사건이 발생했다. 1987년 1월에는 서울대학교 학생 박종철이 수배 중이던 선배의 정보를 알아내려는 경찰에 의해 체포되어 고문을 받다가 사망하는 사건이 일어났다. 정부 당국은 '책상을 탁 하고 쳤더니 억 하고 쓰러졌다'는 말로 상황을 얼버무리려 했지만, 시민들은 박종철 사망 사건의 진상 규명을 요구했다.

이 같은 사건이 연이어 벌어지는 이유는 전두환 정부의 민주주의 탄압과 강압적 통치 때문이라고 생각한 대학생과 시민 들은 정권을 규탄하는 시위를 벌였다. 그리고 민주주의의 발전을 위해서는 국민이 직접 대통령을 뽑아야 한다며 대통령 직선제 개헌을 요구했다. 통일 주체 국민 회의에서 대통령을 선출하는 방식은 박정희 대통령이 유신 헌법에서 만든 것이므로 독재를 뒷받침하는 제도적 장치에 불과했다.

하지만 전두환은 헌법을 바꿀 수 없다며 1987년 4월 13일 일명 4·13 호헌 조치를 발표했다. '호헌' 즉 헌법을 수호하겠다는 말의 뜻은 좋지만 결국 대통령 선출 방식을 대통령 직선제로 바꾸지 않겠다는 의미였다. 이에 대통령 직선제 개헌이 필요하다고 생각하는 재야 인사, 정치권, 시민, 학생 등은 민주 헌법 쟁취 국민운동 본부를 만들어 개헌을 요구했다. 그런데 1987년 5월 박종철 학생의 사인이 물고문이었다는 사실이 밝혀지며 국민들은 충격에 빠졌다. 갓 스무 살 난 대학생에게 물고문을 하여 죽음으로 내몰았다는 사실에 분노한 대학생들은 거리로 쏟아져 나왔다.

1987년 6월 9일 시위 도중 대학생 이한열이 경찰이 쏜 최루탄에 사망하는 사건이 벌어졌다. 정부는 여전히 호헌을 외치며 아예 다음 대통령으로 노태우를 지명했다. 이에 민주 헌법 쟁취 국민운동 본부는 국민 대회를 열었고 전국 주요 도시에서 시민들이 동참한 가운데 독재 타도와 호헌 철폐를 외치는 시위를 이끌었다. 1987년 6월 항쟁이 시작된 것이다. 6월 항쟁에는 평소 시위를 주도해 온 대학생뿐만 아니라 수많은 직장인이 참여했다. 6월 26일 평화 대행진에는 100만여 명이 참여하여 독재 타도, 직선제 개헌, 호헌 철폐를 외쳤다.

결국 6월 29일 차기 대통령으로 지목된 노태우는 대통령 직선제를 포함한 민주주의 개헌을 수용하겠다는 6·29 선언을 발표했고 이후 국회에서 5년 단임의 대통령 직선제, 국민의 기본권 강화를 담은 헌법 개헌이 이루어졌다.

6월 항쟁은 오로지 시민의 힘으로 시민의 요구를 평화적으로 관철하고, 헌법 개정까지 이끌어 낸 의미 있는 사건이다. 지금은 상상할 수 없는 일이지만 당시로서는 시위에 나선다는 것은 목숨을 잃을 수도 있는 위험한 일이었다. 그럼에도 민주주의를 위

해 용기를 낸 많은 시민 덕분에 오늘날 우리나라의 민주주의가
성립된 것이다.

1960년 4·19 혁명, 1980년 5·18 민주화 운동, 1987년 6월 항
쟁은 모두 시민이 자발적으로 나서서 민주주의를 지키고 국민의
정부를 만들기 위한 민주주의 항쟁이다. 물론 세 운동 모두 완전
한 성공을 이루었다고는 볼 수 없다. 4·19 혁명은 이승만 대통령
의 하야를 이끌어 냈지만 그 후 들어선 장면 정부가 1년 만에 끝
나면서 시민들의 요구를 담아내지 못했다. 5·18 민주화 운동은
엄청난 희생을 치렀음에도 신군부의 집권을 막지 못했다. 1987년
6월 민주 항쟁은 대통령 직선제를 이끌어 내며 민주주의 정치를

이루는 듯했지만 그 뒤 치러진 대선에서 야당 후보들이 분열하며 결국 노태우가 대통령에 당선되는 아이러니한 결과를 낳았다.

이렇게 시민의 힘으로 정권을 교체하는 것은 굉장히 드문 일이다. 특히 아시아, 아프리카 등 후발 민주주의 국가들에서는 더더욱 유례를 찾아보기 힘들다. 일제 강점기와 6·25 전쟁으로 세계 경제 최하위 국가가 되었던 우리나라가 시민 혁명을 통해 평화적으로 정권을 바꾼 역사를 갖게 된 것은 기적과도 같은 일이다. 시민의 힘으로 쟁취한 승리의 기억이 오늘날의 민주주의를 일구어 냈다.

중국의 민주화 시위 톈안먼 사건

1989년 6월 4일 중국의 정규 군대인 인민 해방군은 시위대를 무차별 학살했다. 중국 베이징의 톈안먼 광장에서 시작된 시위는 전국으로 번졌다. 대학생이 중심이 된 시위대의 주요 요구 사항은 정치 민주화였다. 그러나 중국 정부는 탱크와 장갑차를 앞세운 군대를 투입하여 시위대를 향해 발포하게 했다. 이 시위가 처음 시작된 장소가 톈안먼 광장이어서 이를 '톈안먼 사건'(천안문 사건)이라 일컫고, 시위대를 학살한 6월 4일이 일요일이어서 중국 내에서는 '피의 일요일 사건'이라고도 부른다.

톈안먼 사건이 발생한 지 벌써 30년이 훌쩍 넘었다. 톈안먼 사건은 중국 내에서 발생한 실패한 민주화 운동이다. 그럼에도 아직도 6월 4일만 되면 중국인들은 톈안먼 광장으로 모여들고 세계 언론은 톈안먼 사건에 대해 보도한다. 이처럼 많은 중국인, 세계인이 여전히 톈안먼 사건을 기리는 이유는 무엇일까?

1949년 국공 내전에서 공산당이 승리하면서 중화 인민 공화국이 탄생하고 중국은 공산화되었다. 이때부터 중국은 마오쩌둥과 공산당이 국가를 운영했다. 하지만 마오쩌둥은 중국인의 기대에 부응하지 못했다.

　농업과 공업 생산량을 늘려 경제를 활성화하려고 한 대약진 운동은 실패로 끝났다. 대약진 운동의 실패로 중국인들의 불만이 높아지고 정치적으로 위기에 몰리자 마오쩌둥은 정신 및 문화 강화 운동을 펼친다며 10년간 문화 대혁명을 주도했다. 그런데 문화 대혁명으로 중국 사회는 서로를 불신하며 혼란이 가중되고 중국의 민족 문화는 대거 파괴되고 말았다. 마오쩌둥 개인의 독재는 강화되었지만 중국 사회는 파국의 길로 들어선 것이다.

　1976년 마오쩌둥이 사망하고 권력을 잡은 덩샤오핑은 망가진 중국을 일으켜 세우려 했다. 그리고 다시 중국이 살 수 있는 길은 공산주의 경제 체제를 바꾸는 일이라 생각하여 개혁 개방 정책을 추진했다. 덩샤오핑은 "흰 고양이든 검은 고양이든 쥐만 잘 잡으면 된다"라는 유명한 말을 남겼는데, 이는 자본주의든 공산주의든 중국인을 잘살게 하면 된다는 의미다. 즉 사회주의 국가 중국이 개혁 개방 정책으로 자본주의 경제 체제를 받아들인다는 뜻이었다.

　덩샤오핑의 정책으로 중국은 자본주의 경제 체제를 도입하고 세계 경제를 주도하는 국가로 급부상했다. 현재 우리나라 사람들이 중국에 여행이나 유학을 갈 수 있고 우리 기업이 중국에 생산 공장을 설립할 수 있는 것은 모두 개혁 개방 정책으로 자본주의 체제를 중국이 도입했기 때문이다. 덩샤오핑 이전의 중국은 고립된 공산주의 경제 체제를 갖고 있어 다른 나라와 교류가 불가능했다.

개혁 개방 정책으로 이렇게 중국이 달라지니 사람들은 중국이 사회주의 국가라는 사실을 망각했다. 중국은 분명한 사회주의 국가다. 경제 활동에서 자본주의와 유사한 시스템을 도입하고 있지만, 정치적·사회적으로 중국은 여전히 사회주의 국가이기에 공산당이 일당 독재를 하고 있고 개인의 자유는 국가 권력에 의해 언제 어디서든 제한받을 수 있다. 중국의 정치에 대해 비판의 목소리를 내면 처벌받고, 특정 지역으로 이주하려면 당의 허락을 받아야 한다. 국가의 대표인 주석은 공산당에서 알아서 정하고, 정책을 결정할 때도 중국 국민의 목소리는 무시한다. 이러한 독재는 아이러니하게도 중국 공산당의 합법적인 활동이다.

이처럼 독재 성격을 띤 사회주의 국가 권력에 반발한 사건이 톈안먼 사건이다. 1989년 4월 15일 중국 공산당 내에서 민주적 개혁을 추진하던 후야오방이 사망하자, 중국의 민주화를 희망한 많은 사람은 4월 17일 톈안먼 광장에 모여 민주화 시위를 시작했다. 이들은 후야오방의 민주화 노력을 기리며 보통선거 실시, 다당제 도입 등을 외치고 가두 행진, 연좌시위를 벌이며 민주화를 요구했다. 이들의 주장에 공감하여 시위에 동참하는 사람은 늘어 갔다.

　5월 13일부터 대학생 2천여 명이 톈안먼 광장에서 단식 농성에 들어갔고, 5월 18일에는 시민과 학생 100만여 명이 단식 농성 지지 시위를 벌였다. 중국 정부는 시위대의 요구를 묵살했다. 오히려 베이징에 계엄령을 선포하고 군을 투입했다. 정부의 압박에도 시위는 한층 확산되어 중국 전역으로 번져 나가 선양, 창춘, 창사 등에서도 시위가 잇달았다. 6월 4일 중국 정부는 시위대를 향한 발포 명령을 내렸고 인민 해방군은 무력으로 시위대를 해산시켰다. 이 과정에서 수많은 사람이 희생되었는데 중국 정부는 지금껏 정확한 자료를 제공하지 않고 있어 희생자가 얼마나 되는지 알 수 없다. 이어서 중국 정부는 톈안먼 사건을 이끈 대학생 대표 21명을 지명 수배했고 이들이 홍콩 등 자치구로 피신하면서 톈안먼 사건은 종료되었다.

　톈안먼 사건은 실패한 민주화 운동이다. 하지만 좌절했다고 아무 의미가 없는 것은 아니다. 우리나라의 광주 민주화 운동 역시 당시에는 실패한 운동이었다. 광주 민주화 운동의 진실이 하나둘 밝혀지며 우리나라의 민주화는 앞당겨졌다.

　중국의 톈안먼 사건 역시 그럴 것이다. 앞으로 중국 정치에 변화가 생기면 톈안먼 사건이 기폭제가 되어 중국의 민주화 운동은 또다시 탄력을 받게 될지 모를 일이다. 중국이 사회주의 국가고 공산당의 일당 독재 체제이기에 그 과정이 순탄치만은 않겠지만 분명 민주화는 올 것이고, 그때 톈안먼 사건은 재조명될 것이다. 중국인도 세계인도 그날을 기다리며 여전히 톈안먼 사건을 언급하고 있는 것은 아닐까?

우리나라는
어떻게 기적 같은
경제 성장을
이루었을까?

    우리나라는 다른 나라에서는 경험하지 못한 눈부신 경제 성장을 이루어 왔다. 6·25 전쟁이 끝나고 우리나라는 다른 나라의 경제 원조를 받아야만 하는 처지였다. 먹을 것도 입을 것도 의약품도 없어 다른 나라로부터 지원을 받아 겨우 배고픔을 면하며 가까스로 생존하던 나라다.

    하지만 지금 우리나라는 다른 나라에 원조를 주는 나라가 되었다. 원조를 받던 나라가 원조를 주는 나라로 성장한 사례는 전 세계에서 우리나라가 유일하다고 한다. 그만큼 우리나라의 경제 성장은 기적과도 같은 것이다. 물론 부작용도 있었다. 경제 성장

과정에서 저임금 노동자들의 희생이 따랐고 도시와 농촌 간, 계층 간 격차로 사회 갈등이 발생했다. 분단국가라는 현실로 북한과의 문제 해결이라는 과제는 여전히 남아 있다.

무상 원조와 경제 구조의 왜곡

1945년 일제 강점기에서 벗어난 직후 분단 상황을 맞은 대한민국은 경제적으로 어려움을 겪었다. 일본은 식민 지배 동안 우리나라 경제를 수탈하기 좋은 조건으로 바꾸어 놓았다. 표면적으로는 도로를 건설하고 공장도 세우면서 우리나라의 자본주의 발전을 도와주겠다고 했지만, 실상 그런 작업은 전부 일본이 물자를 쉽게 수탈하고 우리나라를 대륙 침략의 전진 기지로 만들기 위한 것일 뿐이었다.

이런 연유로 우리나라 공업은 군수 공업에 치중되고 대부분 한반도 북부에 배치되었다. 대륙 침략을 위해 중국과 가까운 북부 지방을 공업 기지로 만든 것이다. 공장 대부분이 북부 지방에 있다 보니 공장 가동에 필요한 광업, 가공업, 전력 생산에 필요한 시설물 모두 북부 지방에 건설되었다. 대신 한강 이남은 쌀, 목화 등 농업 활동에 주력하도록 했다. 이렇게 산업을 특정 지역에 치중해서 배치하는 것은 정상적인 국가 활동이 아니다. 이는 일본이 만들어 놓은 구도일 뿐이다.

그런데 해방 후 남북으로 분단되자 대한민국의 경제는 위기 상황에 놓였다. 남한에는 전력 생산을 위한 발전소도 상품 생산을 위한 공장도 변변찮았다. 그나마 농지는 충분히 확보되어 있어서 식량은 크게 부족하지 않았지만, 그마저도 6·25 전쟁이 발발하면서 달라졌다. 3년간의 전쟁으로 땅이 황폐해져 농사짓기가 어려웠다. 즉 1950년대 대한민국은 세계에서 가장 불쌍한 나라였다. 1950년대까지는 북한이 남한의 모든 것을 앞질렀다. 경제, 정치, 문화, 학문 등 모든 분야에서 북한이 남한보다 훨씬 발전해 있었다. 그 정도로 대한민국의 상황은 비참했다.

우리나라는 식량, 의류, 의약품 등 일상생활에 필요한 모든 것이 부족하여 다른 나라의 원조를 받았다. 미국이 대량으로 원조해 주는 밀가루, 설탕, 면직물, 이 세 가지 원료를 가공하여 판매하는 이른바 삼백 산업(밀가루, 설탕, 면직물이 전부 흰색이어서 붙여진 이름이다)이 발달했다. 우리나라 사람들은 미국의 무상 원조 덕분에 배고픔에서 벗어날 수 있었다.

그렇다고 미국의 무상 원조가 모든 사람에게 도움이 된 것은 아니다. 미국이 농산물을 무상으로 제공하자, 국내 농산물 가격이 폭락하면서 농민들은 몰락해 갔고 농촌의 모습을 바꾸어 놓았다. 이에 미국은 무상 원조 3년 만에 유상 차관 제공으로 정책을 바꾸었다.

무상으로 제공되는 밀가루 때문에 밀 농사를 짓던 농민은 품종을 바꾸었으며, 설탕 산업은 쇠퇴했다. 따라서 현재 이 세 가지는 거의 전부 수입에 의존하는 품목이 되었다. 이처럼 원조 경제는 생존에 필수 불가결한 것이었지만 우리나라 경제 구조를 왜곡하고 기형적인 형태를 만드는 부작용을 낳았다.

한강의 기적이 가져온 고도 성장

우리나라의 자립적 경제 발전은 1960년대부터 시작되었다. 5·16 군사 정변을 통해 정권을 잡은 박정희는 정권의 정당성을 확보하는 수단으로 경제 개발을 택하고 장면 정부의 경제 개발 5개년 계획을 이어받아 실행했다.

경제 개발 5개년 계획은 1962년부터 시작되었다. 처음에는 자본과 기술이 부족하여 신발, 의류, 가방 등 노동 집약적 산업을 양성하여 수출을 늘리는 것에 목표를 두었다. 1960년대는 세계 경제가 호황기여서 수출이 증가하면서 우리나라 경제는 크게 성장했다. 수출 증가로 자본이 형성되자 시멘트, 정유 등 중화학 공업 분야의 투자가 늘어났다. 또한 경부 고속 도로(1968년 착공, 1970년 완공) 등 사회 간접 자본을 확충하면서 경제 성장의 기반을 다져 나갔다. 이러한 노력의 결과로 1970년대 말에는 중화학 공업의 비중이 경공업을 앞지르게 되었다.

경제 성장과 더불어 국민 생활의 질이 향상되었다. 1962년 87달러이던 1인당 국민 소득은 1979년 1,676달러로 20배 가까이 증가했다. 같은 기간 수출은 40.7퍼센트 증가했다. 6·25 전쟁 이후 세계에서 가장 가난한 나라이던 우리나라는 불과 20년 만에 고도성장을 이루었다. 이는 세계에서 유례를 찾아보기 힘든 일이기에 '한강의 기적'이라고 불린다.

경제 성장의 혜택이 모든 사람에게 똑같이 돌아간 것은 아니다. 1960년대 박정희 정부는 수출 증가를 위해 수출 기업에 각종 금융 및 세금 혜택을 제공했기 때문에 대기업은 일반인이 내는 이자의 20퍼센트만 부담하면 되었다. 예를 들어 100만 원을 빌리면 일반인은 1년에 25만~30만 원의 이자를 내지만 대기업은 5만~6만원의 이자만 부담한 것이다. 1972년에는 긴급 명령 제15호를 발동하여 기업의 채무를 동결하고 이자율을 더 낮추어 주었다.

경제가 이렇게 지속적으로 성장하는 가운데 노동자들의 삶의 질은 나아지지 않았다. 수출을 늘려 생겨난 자본으로 경제를 성장시키는 것이 목표이므로 수출량에 민감할 수밖에 없었다. 1960년대와 1970년대의 우리나라는 다른 나라보다 우수한 기술을 보유하고 있지 못했다. 기술이 부족한데도 수출을 늘릴 수 있었던 이유는 물건 값이 쌌기 때문이다. 그리고 물건 값이 싼 이유는 노동자들의 저임금 덕분이었다. 결국 노동자들은 낮은 임금과 열악한 노동 환경에 시달릴 수밖에 없었다.

지역 간 경제 격차로 지역 갈등도 빚어졌다. 박정희 정부가 대규모의 산업 시설을 영남 지방에 집중적으로 건설한 결과, 영남 지방과 호남 지방의 소득 격차가 생겼다. 이는 단순한 소득의 차이를 넘어 입장의 차이, 나아가 지역 주민 간 갈등으로 번져 지역 감정이 생겼다.

경제 성장 과정에서 농촌이 소외되는 것도 문제였다. 정부는 노동자들의 임금이 낮아야 수출이 증가할 수 있었기에 저임금 정책을 유지했다. 그리고 낮은 임금을 받는 노동자들의 기본적인 생활을 위해 쌀의 가격을 물가 상승률보다 낮게 책정했다. 당연히 농민은 소득이 줄어들어 경제적 어려움을 겪었다. 이를 해소하고자 1970년 농촌을 중심으로 새마을 운동이 시작되었고 이 운동은 도시로 확산되었다. 환경 개선과 균형 발전을 내세운 새마을 운동으로 농촌의 열악한 환경은 개선되어 갔으나, 농산물 가격은 여전히 낮게 책정되었고 이에 대한 불만으로 농민 운동이 전국에서 발생했다.

1960~1970년대 경제 발전 과정에서 발생한 또 하나의 심각한 문제는 정경 유착이다. 수출을 늘리고자 정부는 특정 기업에 특혜를 주고 그 과정에서 정부 인사와 친분이 있는 몇몇 기업이

주요 산업을 독점하고 계열사를 거느리며 대기업으로 성장했다. 말하자면 대기업으로 성장하려면 정부 인사에게 잘 보여야 하고 그를 위해 금품과 향응을 제공해야 한다. 이 과정에서 각종 비리가 발생하는 것은 당연했다.

이런 과정을 통해 성장한 대기업은 가족이 기업을 경영하는 소위 '재벌'이 되었다. 서양에는 없는 재벌이라는 독특한 기업 문화가 생겨난 것이다. 재벌이 우리나라 경제 성장에 도움을 준 측면은 있지만, 재벌이 아닌 기업은 정부의 보호를 받지 못하고 도산하는 등 기업의 양극화 현상이 심화되었다.

이와 같은 여러 문제점을 낳으며 성장한 한국 경제에 대해서는 평가가 엇갈리고 있다. 과정이야 어떻든 경제 성장으로 국민의 평균 소득이 증가한 덕에 경제뿐만 아니라 정치적으로 성장할 수 있었다는 긍정적 평가가 있는가 하면, 경제 성장을 이유로 박정희 정부가 인권을 탄압하고 독재를 연장했으며 부익부 빈익빈, 정경 유착 등 잘못된 경제 구조를 만든 것에 대해서는 부정적 평가가 내려지고 있다.

경제 성장의 이면, 노동자 전태일의 죽음

우리나라가 1960~1970년대에 경제적으로 성장할 수 있었던 배경에는 저임금 노동자들이 있다. 기술도 자본도 부족한 우리나라 물건이 다른 나라에 팔릴 수 있는 것은 값이 싸기 때문이었고 이를 위해 노동자들은 저임금 외에 장시간 노동, 열악한 근무 조건에 시달려야 했다. 이러한 환경에 놓인 노동자들의 처지에 관심을 갖기는커녕 당연시하는 분위기가 만연해 있었다.

이러한 인식을 바꾸고 노동자에게도 인권이 있음을 알린 인물이 전태일이다. 전태일은 평화 시장에서 하루 15시간 일하고 일이 끝나면 공장의 다락방에서 생활한 노동자다. 공장의 다락방은 허리를 굽혀야 겨우 들어갈 수 있어 허리를 펴고 서 있을 수 있는 집에서 생활하는 것이 꿈이었다고 한다.

초등학교밖에 졸업하지 못한 전태일은 일하는 것이 너무 힘들었는데, 왜 이렇게 힘들어야 하는지 이유를 알고 싶어 혼자서 법에 대해 공부하기 시작했다. 어려운 한자투성이 법률 용어를 일일이 찾아가며 공부하던 전태일은 근로 기준법이 있다는 사실을 알게 되었다. 근로 기준법에는 노동자의 근로 시간, 근무 여건 등에 대한 규정이 있었으나 전혀 지켜지지 않았다. 전태일은 회사의 사장에게 근로 기준법 준수를 부탁했지만 욕만 얻어먹고 말았다.

이때부터 전태일은 대통령, 노동청 등 각계각처에 노동 실태를 알리는 편지를 보내며 근로 조건 개선을 요구했다. 그러나 누구도 노동자의 말에 귀 기울이지 않았다. 오히려 노동자의 생존권을 요구하는 것이 공산주의를 옹호하는 것으로 내몰려 탄압받았다. 자신의 목소리에 귀 기울여 주는 사람이 없는 현실을 깨달은 전태일은 1970년 11월 13일 동대문 평화 시장에서 몸에 불을 붙이고 자살했다. 죽어 가면서 전태일이 외친 말은 "근로 기준법을 지켜라. 우리는 기계가 아니다"였다. 그때 전태일은 고작 스물두 살이었다.

전태일의 분신자살은 이루 말할 수 없는 큰 충격을 주었다. 그제서야 사람들은 그렇게 젊은 노동자가 왜 스스로 목숨을 끊는 선택을 해야 했는지에 관심을 두기 시작하고 노동자들의 열악한 근무 환경 개선이 필요하다는 생각을 하게 되었다. 그리고 노동자뿐만 아니라 지식인과 대학생도 노동 문제에 관심을 갖고 눈을 돌리게 되면서 노동 운동이 본격화되었다. 전태일의 희생이 가져온 결과다.

21세기를 살고 있는 우리는 당시의 혹독한 근무 조건을 제대로 이해할 수조차 없지만, 전태일이 쓴 편지를 통해 얼마나 힘겨운 생활을 했는지는 느껴 볼 수 있을 것이다.

존경하는 대통령 각하!
……저희들은 근로 기준법의 혜택을 조금도 못 받으며 더구나 2만여 명을 넘는 종업원의 90퍼센트 이상이 평균 연령 18세의 여

성입니다. ……또한 2만여 명 중 40퍼센트를 차지하는 시다공(보조공)들은 평균 연령 15세의 어린이들로서 육체적으로 정신적으로 성장기에 있는 이들은…… 전부가 다 영세민들의 자제들로서 굶주림과 어려운 현실을 이기려고 하루에 90원 내지 100원의 급료를 받으며 1일 16시간의 작업을 합니다. 사회는 이 착하고 깨끗한 동심에게 너무나 모질고 메마른 면만을 보입니다. ……저희들의 요구는 1일 14시간의 작업 시간을 단축하십시오. 1일 10~12시간으로, 1개월 휴일 2일을 일요일마다 휴일로 쉬기를 희망합니다.

— 박정희 대통령에게 보낸 탄원서, 1969년

반드시 해결해야 할 남북 문제

우리나라는 세계에서 유례를 찾아보기 힘든 경제 성장을 이루며 선진국 반열에 들어섰다. 최근에는 한류 열풍이 불며 한국 문화 콘텐츠가 세계적으로 인정받고 있어 우리나라를 부러워하는 세계인들이 많아지고 있다. 이 같은 성과는 사회 각계각층의 노력과 국민의 단합된 힘에서 나온 결과라 할 수 있다.

그러나 우리에게는 아직 해결해야 할 문제들이 있다. 급격한 경제 성장으로 인한 양극화 문제, 저출산·고령화 문제, 도시의 인구 과밀과 농촌 소멸 문제 등이 그것이다. 이 문제들은 비단 우리나라만의 것은 아니다. 세계 대부분의 국가 역시 비슷한 문제를 안고 있으며 이를 해결하려는 노력을 기울이고 있다.

반면 우리나라만이 갖고 있는 특수한 문제도 있는데 분단으로 인한 남북 문제가 대표적이다. 우리는 남북한이 대치하고 있어 언제든 전쟁이 재발할 수 있는 환경에 놓여 있기에 전쟁의 발발을 방지하고 평화를 유지하며 통일로 나아갈 슬기로운 방법을 찾아야 하는 중대한 과제를 안고 있다. 남북 문제는 우리 민족이 한 단계 더 성장하기 위한 전제 조건이기에 반드시 해결해야 하는 과제다.

대화를 바탕으로 한 남북한의 평화 약속은 이미 수차례 있어 왔다. 1972년 통일 3대 원칙을 발표한 7·4 남북 공동 성명, 1991년 남북한 유엔 동시 가입과 남북 기본 합의서 채택, 2000년 이루어진 6·15 남북 공동 선언 등 남북한은 평화를 위해 끊임없이 노력해 왔다. 최근에는 남북한 정상의 만남에 이어 이산가족 상봉, 민간 교류, 경제 협력 등 다양한 분야에서의 화해 분위기가 형성되고 있다.

하지만 이러한 협력은 정치 문제나 국제 사회의 분위기에 따라 단절과 회복을 반복하고 있는 데다 북한이 여전히 핵을 포기하지 않고 있어 불안감이 남아 있는 것 또한 엄연한 사실이다. 이같은 불안을 해소하고 남북한의 평화를 이루기 위해서는 우리의 현명한 자세가 요구된다.

그리고 국제 사회나 주변 국가와의 협력 속에서 한반도의 평화를 위한 다양한 노력이 필요한 때다. 한반도의 평화는 동북아시아 전체, 나아가 세계 평화에 기여하는 의미 있는 일이라는 점을 기억해야 할 것이다.

영국의 홍콩 반환

1997년 전 세계인의 가장 큰 관심을 받은 사건은 홍콩 반환이다. 1842년 난징 조약이 맺어지며 청나라 영토 홍콩 섬은 영국 땅이 되었다. 그로부터 155년이 지나 홍콩이 중국의 영토로 반환된 것이다. 어떻게 이런 일이 벌어진 것일까?

우리가 흔히 말하는 홍콩은 홍콩 섬과 주룽반도, 신계의 세 부분으로 구성되어 있다. 이 중 가장 먼저 영국으로 넘어간 지역은 홍콩 섬이다. 1840년 발생한 아편 전쟁에서 패한 청나라는 1842년 난징 조약을 맺고 영국의 요구를 수용했다. 이때 영국이 요구한 것 중 하나가 홍콩 할양이었고 이때부터 홍콩 섬은 영국 땅이 되었다. 그런데 1856년에 발생한 제2차 아편 전쟁에서도 패한 청나라는 1860년 베이징 조약을 체결하고 영국에 주룽반도도 넘겼다.

1894년 발생한 청일 전쟁에서 청나라는 또다시 패배했다. 이때부터 청나라 영토는 세계 열강의 각축장이 되었고 열강들은 청나라로부터 각종 이권을 강탈해 갔다. 이때 영국이 요구한 지역은 신계다. 이미 홍콩 섬과 주룽반도를 차지하고 있는 영국으로서는 신계 지역마저 차지함으로써 홍콩 전체를 통치하고 싶었던 것이다. 이에 1898년 영국과 청나라는 '홍콩 경계 확장 특별 조항'을 체결하고 청나라는 신계 지역을 영국에 조차했다. 조차 기간은 99년으로 조차가 끝나는 해가 1997년이었다. 이로써 모든 홍콩 지역은 영국의 지배를 받게 되었으며 중국이 공산화된 뒤에도 홍콩만은 영국의 지배하에서 자본주의 지역으로 남았다.

20세기가 끝나 가며 신계 지역의 반환 기한인 1997년이 다가오고 있었다. 그런데 문제가 발생했다. 영국이 청나라로부터 할양받아 처음 차지한 홍콩 섬과 주룽반도는 청나라에 반환할 필요가 없었다. 즉 영국에게는 신계 지역의 반환 의무만 있을 뿐이었다. 하지만 중국은 영국과 청나라 사이에 맺은 난징 조약과 베이징 조약이 모두 불평등 조약이기에 인정할 수 없다며 신계를 반환할 때 홍콩 섬과 주룽반도도 함께 반환할 것을 요청했다.

영국은 고민에 빠졌다. 홍콩 반환 문제를 두고 중국과 갈등을 빚는 것은 부담스러운 일인 데다가 신계 지역만 반환할 경우 다른 문제가 발생할 수도 있었다. 신계 지역은 홍콩에 전력을 공급하고 산업 시설을 지원하는 중추적인 역할을 담당하는 곳이므로 신계 지역을 반환하면 주룽반도와 홍콩 섬에 전력 공급과 일자리 문제 등 복잡한 문제가 생길 수밖에 없었다. 이에 영국은 홍콩

반환 문제를 두고 중국과 협상에 들어갔다.

처음에는 의견을 좁히지 못했다. 그러자 중국 측에서 일국양제라는 새로운 대안을 제시했다. 일국양제란 한 국가 안에서 두 체제를 인정한다는 뜻으로, 사회주의 국가인 중국 안에 자본주의 체제인 홍콩을 인정하겠다는 것이다. 즉 홍콩을 반환받더라도 사회주의로 통치하지 않고 스스로 통치할 수 있는 자치권을 인정하겠다는 제안이다. 영국은 이를 긍정적으로 받아들였다. 홍콩의 자치권이 유지될 경우 영국은 홍콩과 무역 관계를 계속 유지하여 이익을 볼 수 있기 때문이다.

양국의 이해관계가 맞아떨어지며 영·중 양국은 1984년 9월 26일 〈홍콩 문제에 관한 중화 인민 공화국과 영국의 공동 성명서〉를 채택했다. 성명서의 주요 내용은 중국 정부는 1997년 7월 1일 홍콩의 주권 행사를 회복하며, 동시에 영국 정부는 이날 홍콩을 중국에 반환한다는 것이다. 그리고 이와 함께 중국 정부는 향후 50년간 일국양제를 존속한다는 기본 방침을 명시했다. 말하자면 1997년부터 50년간 홍콩은 자치권을 갖게 된 것이다.

1997년 7월 1일 0시 정각 홍콩의 국기 게양대에는 영국 국기와 홍콩 특별 행정구 깃발 대신 중국의 오성홍기와 새로운 홍콩 특별 행정구 깃발이 게양되었다. 그리고 신계 지역과 주룽반도, 홍콩 섬까지 홍콩의 전 지역은 중국의 영토가 되었다. 홍콩 섬을 빼앗긴 지 155년 만의 일이다.

하지만 홍콩에는 여전히 해결되지 않은 문제가 있다. 홍콩이 자치권을 잃고 중국에 완전히 귀속되는 날이 점차 다가오면서 홍콩 주민 사이에서는 중국의 사회주의를 거부하는 움직임이 일고 있다. 반면 중국은 벌써부터 홍콩을 마음대로 조종하려 하면서 중국 정부와 홍콩 주민 간의 마찰이 빚어지고 있다. 이 과정에서 홍콩 주민의 인권이 훼손되는 일이 잦아지면서 그 심각성 또한 더해지고 있다. 100년도 훨씬 이전에 있었던 제국주의 국가 간의 다툼으로 생긴 영토 문제는 아직 끝나지 않고 있는 셈이다.

맺음말

모든 시대의 역사는 각각 나름의 의미가 있지만 현대사의 중요성은 특별하다고 할 수 있다. 현재 우리의 모습을 있게 한 직접적인 원인을 갖고 있기 때문이다. 그러나 그런 이유로 시대의 성격을 제대로 규정짓기 어려운 것 역시 현대사다. 가치 판단을 하거나 평가를 내리기가 조심스럽다. 그럼에도 우리는 현대사에 더 많은 관심을 갖고 애정 어린 시선으로 접근해야 한다. 바로 직전의 과거이지만 앞으로 전개될 미래에 대한 직접적인 조언을 해주는 것이 현대사이기 때문이다.

역사를 공부하는 진짜 이유는 과거와 같은 과오를 반복하지 않기 위해서다. 그런 점에서 현재와 가장 비슷한 배경을 가진 현대사를 공부하여 미래에 대한 설계에 활용하는 것은 의미 있는 일일 것이다.

사회의 변화 속도가 빨라지면서 현재가 과거 역사 속으로 편입되는 시기 또한 빨라지고 있다. 불과 10년 전의 일이 현재는 발생할 수조차 없는 구시대의 사건이 되기도 한다. 우리가 살고 있는 오늘도 머지않아 역사가 될 것이다. 물리적인 시간이 아닌, 사람들의 삶에 영향을 미치는 의미 있는 시간이 흘러가는 원리를 알아야, 다시 말해 역사를 알고 판단할 수 있어야 세상의 흐름을 주도하는 지혜를 가질 수 있다. 이 책을 읽으며 세상을 바라보는 새로운 시선과 지혜를 갖게 되었기를 희망한다.

그림 목록

그림 1   조선 총독부 청사 ⓔ

그림 2   1980년 10월 14일 서울 광화문과 중앙청, 한국저작권위원회, 공유마당, CC BY

그림 3   사라예보 사건 ⓔ

그림 4   제1차 세계 대전 ⓔ

그림 5   3·1 운동 ⓔ

그림 6   화수리 학살 사건 ⓔ

그림 7   대한민국 임시 정부 주요 인사 ⓔ

그림 8   이광수 ⓔ

그림 9   〈민족 개조론〉 ⓔ

그림 10   홍범도 ⓔ

그림 11   케렌스키 ⓔ

그림 12   순종 장례 행렬 ⓔ

그림 13   홍커우 공원 의거 ⓔ

그림 14   창씨개명 명령이 실린 《조선 총독부 관보》 ⓔ

그림 15   난징 대학살 ⓔ

그림 16   안창호 ⓔ

그림 17, 18 해방과 일왕의 항복 방송 ⓔ

그림 19   신탁 통치 반대 운동 ⓔ

그림 20   김구 ⓔ

그림 21   박헌영 ⓔ

그림 22   이승만과 맥아더 ⓔ

그림 23   인천 상륙 작전 ⓔ

그림 24   4·19 혁명 ⓔ

그림 25   5·16 군사 정변 ⓔ

그림 26   베트남 전쟁 반전 시위 ⓔ

그림 27   베트남 전쟁 ⓔ

재밌어서 밤새 읽는
한국사 이야기 6

1판 1쇄 발행 2022년 8월 19일
1판 3쇄 발행 2024년 4월 30일

지은이 박은화(재밌는이야기역사모임)

발행인 김기중
주간 신선영
편집 민성원, 백수연
마케팅 김신정, 김보미
경영지원 홍운선
펴낸곳 도서출판 더숲
주소 서울시 마포구 동교로 43-1 (04018)
전화 02-3141-8301
팩스 02-3141-8303
이메일 info@theforestbook.co.kr
페이스북 @forestbookwithu
인스타그램 @theforest_book
출판신고 2009년 3월 30일 제2009-000062호

ⓒ 박은화, 2022

ISBN 979-11-92444-18-5 04910
      979-11-92444-12-3(세트)

부모님들과 선생님들의 변함없는 선택!
가장 재미있는 청소년 학습 필독서

<재밌어서 밤새 읽는> 시리즈

〈재밌밤〉 시리즈는 계속됩니다

미래창조과학부인증 우수과학도서, 한우리독서올림피아드 추천도서, 한국과학창의재단 우수과학도서, 2020년 청소년 북토큰 선정 도서, 학교도서관저널 추천도서, 한우리열린교육 추천도서, 경기중앙교육도서관 추천도서, 한국출판문화산업진흥원 청소년 권장도서, 서울시교육청도서관 추천도서, 정독도서관 청소년 추천도서, 행복한아침독서 추천도서, 김포시립도서관 청소년 권장도서, 경상남도교육청 김해도서관 사서 추천도서, 하루10분독서운동 추천도서 외 다수 선정

재밌어서 밤새 읽는 화학 이야기

재밌어서 밤새 읽는 물리 이야기

재밌어서 밤새 읽는 지구과학 이야기

재밌어서 밤새 읽는 수학 이야기

초 재밌어서 밤새 읽는 수학 이야기

초·초 재밌어서 밤새 읽는 수학 이야기

재밌어서 밤새 읽는 수학자들 이야기

재밌어서 밤새 읽는 수학 이야기 : 프리미엄 편

재밌어서 밤새 읽는 수학 이야기 : 베스트 편

재밌어서 밤새 읽는 수학 이야기 : 파이널 편

재밌어서 밤새 읽는 생명과학 이야기

재밌어서 밤새 읽는 인체 이야기

재밌어서 밤새 읽는 해부학 이야기

재밌어서 밤새 읽는 인류 진화 이야기

재밌어서 밤새 읽는 소립자 이야기

재밌어서 밤새 읽는 원소 이야기

재밌어서 밤새 읽는 진화론 이야기

재밌어서 밤새 읽는 유전자 이야기

재밌어서 밤새 읽는 천문학 이야기

재밌어서 밤새 읽는 식물학 이야기

재밌어서 밤새 읽는 공룡 이야기

재밌어서 밤새 읽는 한국사 이야기 1 : 선사 시대에서 삼국 시대까지

재밌어서 밤새 읽는 한국사 이야기 2 : 남북국 시대에서 고려 시대까지

재밌어서 밤새 읽는 한국사 이야기 3 : 조선 시대 전기

재밌어서 밤새 읽는 한국사 이야기 4 : 조선 시대 후기

재밌어서 밤새 읽는 한국사 이야기 5 : 조선의 근대화와 열강의 침입

재밌어서 밤새 읽는 한국사 이야기 6 : 일제 강점기에서 대한민국의 현재까지

재밌어서 밤새 읽는 국보 이야기 1 : 몰라서 알아보지 못했던 국보의 세계

재밌어서 밤새 읽는 국보 이야기 2 : 잃어버린 보물을 찾아서

무섭지만 재밌어서 밤새 읽는 과학 이야기

무섭지만 재밌어서 밤새 읽는 감염병 이야기

무섭지만 재밌어서 밤새 읽는 천문학 이야기

무섭지만 재밌어서 밤새 읽는 화학 이야기

무섭지만 재밌어서 밤새 읽는 식물학 이야기

무섭지만 재밌어서 밤새 읽는 지구과학 이야기

재밌어서 밤새 읽는 수학 이야기 : 세트(전 7권)

재밌어서 밤새 읽는 한국사 이야기 : 세트(전 6권)